MARÍA CALLAS

MARÍA CALLAS

DIVA TRISTE

LUIS CARLOS BURAYA

ISBN: 84-9764-734-3
Depósito legal: M-28409-2005

Colección: Mujeres en la historia
Título: María Callas
Autor: Luis Carlos Buraya
Coordinador general: Felipe Sen
Coordinador de colección: Mar de Ventura Fernández
Diseño de cubierta: Juan Manuel Domínguez
Impreso en: LÁVEL

ÍNDICE

INTRODUCCIÓN

María Callas, la máxima diva de la historia de la ópera, la multimillonaria poderosa que tuvo a sus pies a la alta sociedad de todo el mundo, fue, sin embargo, una mujer triste, indecisa, protagonista de una vida que osciló siempre entre la fama, el lujo y la tragedia. Una chica tímida, gordita y escasamente agraciada se convirtió, como en los cuentos, en una mujer guapa, delgada, de carácter y belleza magnética, pero con una personalidad tan fuerte en unos aspectos como débil en otros.

Marcó un hito en la historia de la ópera; de hecho, en la ópera se habla de «antes de la Callas» y «desde la Callas». Es un referente, un momento culminante, una cima difícil de igualar. No sólo por la calidad artística del personaje, no sólo porque fue una cantante única, de técnica irrepetible y de características especialísimas, sino también por su leyenda, una leyenda entre el *glamour* y el escándalo, entre el romance y la agonía, entre la alegría y la tragedia. Tras analizar con un mínimo detenimiento la vida que María Callas vivió, puede alcanzarse un concepto aproximado de cuál fue su realidad, su verdadera personalidad. Se dijo, y aún se dice, de ella que fue una diva, una mujer caprichosa, en ocasiones soberbia hasta el extremo, ambiciosa y carente, en cierta forma, de sentimientos hacia los demás. Se la tachó de egoísta yególatra, de ejercer una sofisticada forma de tiranía con sus allegados y sirvientes, así como de someter a su voluntad, o al menos de intentarlo, a empresarios cantantes, y directores que tuvieron la suerte —para unos— o la desgracia —para otros— de trabajar a su lado. Y sin embargo esa visión de la Callas no es la correcta; María no era, ni mucho menos, esa especie de pequeño monstruo insufrible; quienes la supieron tratar nunca tuvieron grandes

7

problemas para abrir su corazón, para quitarle esa coraza espiritual que ella se fabricó desde niña para protegerse de un mundo y de unas gentes que, pensaba, siempre o casi siempre estaban en contra suya. María Callas, en realidad, fue una mujer en cierto modo acomplejada, insegura, frágil, que trataba de superar esas carencias con una personalidad entregada al trabajo intenso, a la superación de su técnica y, a la vez, a la «educación» de su propia personalidad íntima porque conocía sus defectos y trataba de luchar contra ellos; pero quizá fueron demasiadas las influencias externas que tuvo que soportar, y que no le permitieron nunca llegar a conseguir completamente su propósito. Influencias como la que sobre ella ejerció su madre durante muchos años, más tarde su marido y finalmente el amor de su vida, aquel Aristóteles Onassis que acabó con su carrera y con sus fuerzas.

Relatar la vida de María Callas no es tarea sencilla en un espacio limitado. Para hablar de ella habría dos vías básicas: la música, su trabajo, y la mujer, su alma. Y ambas están tan separadas que en ocasiones se hace difícil hacerlas confluir en un punto que aparezca como lógico. Las contradicciones entre los dos mundos de María Callas son tan grandes y profundas que en todas sus biografías, en cuanto sobre ella se ha escrito, incluso en las innumerables entrevistas que concedió a la largo de su vida, no existe una coherencia que permita establecer conclusiones definitivas sobre nada y en ningún momento. Algo que a casi todos los genios o personajes influyentes les ha ocurrido siempre. Nadie puede ponerse de acuerdo y establecer una conclusión segura sobre ningún punto importante de cuantos se dieron en los innumerables cruces de caminos de la vida de la Callas.

Por ello, al escribir esta biografía hemos creído oportuno realizarla como si de una larga crónica periodística se tratase, siguiendo un orden cronológico de los acontecimientos y salpicando esa historia del tiempo con partes de la historia de su alma. No se analizan aquí en profundidad determinados aspectos de la intimidad de María, ni tampoco vamos a detenernos en la crítica, siempre subjetiva, de su trabajo o su técnica; sin duda hablaremos en determinados momentos de aquellos hitos insuperables, o al menos hasta hoy no superados, que María alcanzó con ciertas óperas, con sus personajes de Tosca, Violeta o Norma, que dejó para la historia y como referente eterno, ya que desde ella nadie ha interpretado uno de esos tres personajes sin sufrir la inmediata comparación... y sin ganar nunca esa batalla.

Se cuenta aquí la vida de una chica norteamericana de origen griego que llegó a tocar el cielo, pero que siempre supo también lo que era pasar temporadas en el infierno; una mujer que se ganó cuanto tuvo y que, cuando lo perdió, no fue por incompetencia o decadencia, sino porque voluntariamente renunció a ello. Las conclusiones que extraje de cuanto sobre María Callas hube de leer y consultar para elaborar esta biografía me permiten, siempre dentro de la más absoluta subjetividad, como es lógico, pensar que no fue esa diva soberbia que tantas veces se ha mostrado por parte de sus muy numerosos enemigos —que los tuvo, como los tiene cualquier grande en cualquier campo—, ni tampoco la dulce mujer débil y asustadiza que sus protectores «de oficio» (madre y esposo) quisieron mostrar al mundo para adjudicarse el mérito de ser ellos quienes guiaban su carrera y su vida salvándola de un peligroso universo de advenedizos, aprovechados o miserables que trataban constantemente de engañarla o hacerle algún daño.

María fue la dos cosas: una gran mujer con carácter y voluntad de hierro, con sentimientos y alma, fuerte a veces y débil en ocasiones. Fue una «diva» porque en realidad era eso que en el canto se llama una «divina», porque alcanzó la divinidad en su trabajo, y fue una mujer porque tenía sentimientos de mujer. Nunca llegó a endiosarse más que de una forma artificial, nunca alardeó de dinero ni de otra cosa que no fueran sus propios méritos. De hecho, ir de compras con ella ponía nervioso a cualquiera, porque iba a las rebajas, compraba los artilugios más insospechados e inútiles... simples caprichos que nunca pudo tener de niña. Tuvo grandes amigos y grandes enemigos, conoció el amor tarde, pero intensamente. Quienes más decían quererla y respetarla la utilizaron miserablemente en ocasiones, y ella lo permitió aun sabiendo que tal cosa estaba ocurriendo. Pero tuvo también grandes amigos verdaderos, amigos desinteresados que estuvieron a su lado en los peores momentos; amigos como Peter Diamand, quien la acompañó entre bastidores en sus más grandes triunfos pero que también supo estar a su lado en los terribles momentos de los grandes fracasos; como Françoise Valéry, que sería su más cercano amigo y su acompañante oficial durante sus últimos años, los más duros de su vida; como Mary Mead, otra acompañante de María durante los terribles meses que siguieron a la ruptura con Onassis. Amigos como Franco Zeffirelli o Luchino Visconti, grandes directores a los que ella consiguió inspirar hasta convertirlos en los creadores de algunas de las mejores producciones operísticas de la historia. O como Pier Paolo Pasolini, al que profesó un cariño muy especial y quien la ayudó a levantarse en uno de los peores momentos de su vida. Con ellos, y con otros grandes del siglo XX, María Callas revolucionó la ópera de una forma inesperada y radical, enterrando conceptos que se habían quedado obsoletos y que hasta ella se consideraban intocables, y aportando una marea de nuevas posibilidades, incluso técnicas, que el cerrado mundo operístico jamás se habría atrevido a adoptar sin el impulso de un personaje genial como el que nos ocupa.

Ésta es, pues, la historia de una de las más famosas estrellas de la ópera y, quizá, de la que ha sido su mejor intérprete femenina, no sólo por su voz o su técnica, para algunos discutibles ambas, sino por la suma de ambas y la unión de las mismas con algo igualmente importante: el fuego de su carácter y la fuerza de su genio. Y si algún «título» pudiera ponerse a su vida, si fuera preciso definirla con sólo un par de palabras, yo la llamaría así: «Diva triste».

PRIMERA PARTE

I. CAMINO DE AMÉRICA

La historia de la pequeña María es como la de tantos otros niños europeos de aquellos primeros años 20. La emigración era el pan nuestro de cada día en la vieja Europa, y el punto de destino, casi invariablemente, no era otro que América, esos Estados Unidos donde, se decía, las calles estaban pavimentadas con oro. Petros Dimitriades, un griego «clásico», de antigua sangre y comportamientos arraigados a la tradición, pasaba por entonces por ser uno de los mejores cantantes de su pueblo, Stylis. Cuando Petros cantaba una antigua balada griega sus vecinos dejaban lo que estuvieran haciendo y paraban un momento para escucharle. A Petros le gustaba también la ópera, y eran las pocas veces en que se decidía a cantar un aria cuando conseguía sus momentos mágicos, sus mayores éxitos entre su fiel público. Impresionaba, decían, escucharle cuando interpretaba un aria de Verdi, su preferido. Tanto que un día en que un conocido cantante italiano que iba a actuar en el pueblo le escuchó horas antes de la representación, quedó tan asustado ante esa inesperada competencia que decidió suspender su actuación y marcharse con viento fresco antes de ser comparado, probablemente de forma muy desfavorable, con un simple lugareño aficionado, que sin duda, como acababa de comprobar, le daba «unas cuantas vueltas».

Petros Dimitriades había sido siempre militar; entre los recuerdos de María, su nieta, está el del apodo que desde joven llevó con satisfacción: el «comandante cantante». Su amor por la música se transmitió a sus hijos, y muy especialmente a una de sus hijas,

Evangelia, a quien él llamada «Litza» y de quien decían que era su predilecta.

Litza quería ser cantante o actriz, pero para lo primero no tenía voz y para lo segundo carecía de facultades dramáticas, así que pronto decidió renunciar a sus sueños de adolescente y hacer lo que toda muchacha de su tiempo hacía so pena de arruinar su vida: casarse. Y decidió hacerlo con un buen partido, un boticario graduado en la Universidad de Atenas llamado George Kalogeropoulos. Una boda bien vista por todo el mundo excepto por su padre, que le aconsejaba renunciar, al menos de momento, al matrimonio advirtiéndole de que ése no era su camino, que nunca sería feliz con un hombre tan distinto a ella. Petro sospechaba que su hija tenía otras miras, y que aunque no llegaría nunca a ser una gran artista, su vida estaba en el arte, en los viajes, en la búsqueda del éxito. Pero ni su opinión ni sus consejos consiguieron cambiar las cosas. Dieciséis días antes de que Evangelia contrajera matrimonio con George Kalogeropoulos, Petros Dimitriades murió de un ataque cardíaco, provocado según los médicos por las heridas que había recibido en la guerra de los Balcanes.

George y Evangelia se casaron en una iglesia ortodoxa de Atenas, tras lo cual decidieron establecerse en Meligala, en el Peloponeso, donde el boticario abrió su primera farmacia. Escogió aquel lugar porque no iba a tener competencia y sí mucho trabajo; en muchos kilómetros a la redonda no había ninguna otra farmacia, con lo que George se convirtió en todo un personaje. Sus clientes llegaban desde puntos muy lejanos, y no tardó en hacer el suficiente dinero como para convertirse en uno de los hombres más ricos del pueblo; compró una de las mejores casas de Meligala y se aplicó a seguir ampliando su negocio.

Evangelia tardó pocos meses en comprender que su padre tenía razón; el carácter de su esposo y su concepto de la vida poco tenían que ver con lo que sentía y con lo que aspiraba a vivir su esposa. Al boticario le importaba muy poco el arte en general, y la música en particular le parecía algo poco menos que ridículo, salvo si se trataba de viejas baladas folklóricas griegas. Tampoco sentía el menor interés por el lujo y la vida social, que para su esposa eran

María Callas, a su llegada a Amsterdam en diciembre de 1973 para dar un concierto.

una de las metas más importantes que alguien debe marcarse, y poco a poco, pero en muy poco tiempo, quedó claro que aquel matrimonio no tenía un gran porvenir.

Tan sólo un año después de haberse casado, su vida en común era ya mero convencionalismo. El negocio prosperaba y la vida era fácil, pero con ello sólo se consiguió que George empezara a convertirse en un inveterado mujeriego, sin que al parecer a su esposa le importasen ni mucho ni poco sus devaneos. O tal vez sí le importaban, y era su dignidad la que la impulsaba a soportar las peripecias de su marido sin mostrar otro sentimiento que el de desprecio.

Jackie, Vasily y María

El hecho es que, antes de nacer sus hijos, el matrimonio ya había hecho demasiada agua. En 1917, Evangelia, con dieciocho años y medio, marcha a Atenas para dar a luz a su hija Jackie, que vino al mundo el 4 de junio de aquel año. Tres años después nació su segundo hijo, Vasily, que sólo llegaría a vivir tres años, ya que murió a causa de una epidemia de tifus que causó numerosas víctimas en Meligala.

La trágica desaparición del pequeño Vasily, cuyo nacimiento había servido para que sus padres limaran algo sus diferencias e intentaran una difícil reconciliación, provocó que el desamor entre ambos se hiciera aún más rotundo que antes, y su existencia en común, casi imposible. Hasta que un día George decidió dar un cambio radical a sus vidas. Sin consultar con nadie, vendió la farmacia y la casa, renunciando de un golpe a su cómoda vida y a su floreciente negocio, y decidió que la familia se trasladaba a América, donde empezarían una nueva vida y donde, tal vez, conseguirían salvar su tambaleante matrimonio.

Pero la forma en que lo hizo no fue la más adecuada. No advirtió de ello a Evangelia hasta la misma víspera de la partida, provocando tal ataque de indignación en su esposa que ésta jamás le perdonaría su proceder. El hecho de no haber contado con ella ni siquiera para algo tan importante como un cambio radical en sus vidas la puso fuera de sí, y sólo consiguió ahondar más sus diferencias. Pero Evangelia, lógicamente, no tuvo otra opción que aceptar la decisión de su esposo. Eran otros tiempos, en los que no cabía siquiera pensar en que una mujer, y menos aún en una sociedad como la griega, pudiera imponer su voluntad. Así que Evangelia, indignada y amargada, dejó atrás su cómoda vida, su familia y sus amigos, y se vio embarcada rumbo a un país desconocido del que lo ignoraba todo, hasta el idioma —ninguno de los dos sabía apenas una palabra de inglés— y donde no conocía a nadie. Era el año de 1923, y Evangelia se enfrentaba a un nuevo mundo con un marido al que no amaba, una niña de cinco años y, de paso, embarazada de nuevo desde hacía cinco meses. Porque María había sido concebida en Grecia y nacería en América.

Fue un viaje amargo para Evangelia, que en el futuro contaría innumerables veces que nunca lo había pasado peor. Permanentemente mareada, angustiada ante el futuro y cargada de rencor hacia su marido, llegaron todos a Nueva York el 2 de agosto de 1923. Y llegaron en un momento especial, con las banderas del país ondeando a media asta por la muerte del presidente Harding. Por fortuna para ellos, en el muelle los esperaba un amigo, Leónidas Lantzounis, doctor en Medicina, quien había llegado de Grecia a Nueva York un año antes y ya se desenvolvía con cierta facilidad en el nuevo universo en el que habían caído. Lantzounis los ayudó a entrar con menos miedo y mejor pie en su nueva vida, una vida que desde el principio no le pareció ya tan mala a Evangelia como se le antojaba poco antes. Nueva York la deslumbró, y la colonia griega asentada en la ciudad los recibió con los brazos abiertos, consiguiendo que la angustia de la embarazada inmigrante se redujera considerablemente.

Alquilaron un apartamento en Long Island, y George, con ayuda de Lantzounis, no tardó en encontrar trabajo en una farmacia. Así, con una nueva vida en ciernes para toda la familia, llegó el nuevo miembro de la misma. Pero tanto George como Evangelia esperaban un niño, un varón que supliese en lo posible al tristemente perdido Vasily. En ningún momento se habían siquiera cuestionado la posibilidad de que el bebé fuese una niña, así que María no entró, podría decirse, con buen pie en el mundo.

Lo hizo el 2 de diciembre de 1923, y lo hizo sorprendiendo a todos. Era un bebé de considerable tamaño, con más de cinco kilos de peso. Lantzounis, que atendió en el parto a Evangelia, le mostró a la niña bromeando sobre su inusual talla: «Las enfermeras no han podido ponerle la ropita que le has hecho, y eso que la habías hecho para niño. Parecen ropas para una muñequita, pero esta niña parece más bien una corderita... es muy grande».

Afortunadamente, María no podía entender aún lo que a su alrededor se decía, porque de haberlo hecho no se habría sentido muy bien. Lo primero que dijo su madre al verla fue: «¡Llévatela!», sintiendo un injustificado y poco maternal rechazo por su hija. Un triste comienzo para una recién nacida. Como la misma Evangelia reconocería años después, lo primero que pensó al ver a María fue en Vasily. Pero a los pocos días, Evangelia recobró el buen sentido y aceptó a su hija.

La niña tuvo que ser inscrita en el registro del hospital, y sus padres aún ni siquiera habían pensado en un nombre. Evangelia dijo a la enfermera que la requirió el primer nombre que le vino a la mente, Sofía, pero su padre cambió la decisión y escogió el nombre de Cecilia. Tras varias discusiones, acordaron finalmente llamarla María, y así se llamó hasta que tres años más tarde fue bautizada, en la catedral griega ortodoxa de la calle 74 Este de Nueva York, donde sus padres le pusieron los nombres de Cecilia Sofía Ana María. Su padrino fue, naturalmente, Leónidas Lantzounis, el hombre que la recibió en América antes venir al mundo, que la ayudó a nacer y que sería durante toda su vida uno de los hombres que más la quiso, apoyó y ayudó.

Además del nombre, en su bautizo María recibió también un nuevo apellido. Sus padres, siguiendo una costumbre cada día más asentada entre las colonias de inmigrantes extranjeros en Estados Unidos, decidieron americanizar su apellido y, por decisión de un tribunal, cambiaron Kalogeropoulos por Callas. Sus amigos griegos, sin embargo, siguieron llamándola por su apellido original, y María, desde muy pequeña, se acostumbró a ambos.

La familia se trasladó a vivir a Manhattan, a la calle 192. George tenía ya su propia farmacia y las cosas empezaban a irle tan bien como le habían ido en su país. Parecía que la normalidad y la armonía reinaban de nuevo en casa, y el alejamiento del matrimonio se había suavizado. Pero si George seguía con su afición al trabajo y a prosperar en su negocio, también Evangelia mantenía su viejo amor por el arte, el brillo y la distinción. Recordaba a su padre y su amor por la música, y sentía que su propia y antigua inclinación por ese arte seguía viva, e incluso crecía con los años. Poco a poco, empezó a influir en sus dos pequeñas para imbuirles esa inclinación por la música y el canto que ella misma sintió desde niña. Primero compró una pianola, con la que enseñaba a sus hijas canciones griegas o americanas, y más tarde llegó un gramófono, en el que las pequeñas iban a escuchar sus primeras óperas. El primer disco que María tuvo en casa fue uno con un fragmento de *Tosca*, «Vissi D'Arte», al que siguieron otros con arias de *Aída* o *Martha*. A la vez, su padre las proveía, con gran indignación de Evangelia, de discos de música popular griega, que a él le interesaba y gustaba bastante más que las aburridas óperas, que apenas podía soportar. Pero a las niñas aquella particular contienda artística entre sus padres les daba lo mismo, y de hecho probablemente les vino bien, ya que ambas aprendieron a amar una música tanto como la otra.

Los primeros años de la familia Callas en Nueva York no fueron malos, pero tampoco un camino de rosas. Las desavenencias conyugales continuaban, si bien las niñas era la barrera que impedía enfrentamientos mayores y hacía que el matrimonio se soportara con más facilidad. Los Callas iban aumentando su círculo de amistades, y la vida social, tan del gusto de Evangelia, empezó a tener de nuevo un cierto color para ella. Muchos de sus amigos eran inmigrantes griegos que habían llegado antes que ellos y que habían prosperado en la nueva tierra de las oportunidades, ganándose un puesto respetable en la sociedad norteamericana. Y fue precisamente esa mejora de su ambiente social lo que hizo renacer en Evangelia sus viejos aires de grandeza y su inveterado deseo de brillar ante el mundo. Aunque sabía perfectamente que si había renunciado años atrás a una imposible carrera teatral y a un camino ascendente en el mundo del arte había sido, simplemente, porque no daba la talla, ahora iba a tratar de inculcar en sus dos hijas aquellos mismos sentimientos que ella tuvo y aún conservaba. Y decidió lograr con sus hijas lo que no había conseguido hacer consigo misma: decidió convertirlas en artistas a costa de lo que fuera. De esa forma, quizá como madre de una artista famosa, conseguiría el reconocimiento social que nunca iba a alcanzar como esposa de un farmacéutico.

Lógicamente Jackie, la mayor, iba a ser la principal depositaria de las ambiciones de su madre. Era seis años mayor que María, y era también mucho más agraciada. Porque la pequeña María era bastante más gorda, más tímida y con bastante menos encanto que su hermana mayor. Además, no sentía en su fuero interno ese furor materno por alcanzar fama y brillo. Lo que María quería era ser dentista, no cantante ni actriz, y aunque le gustaba cantar, era para ella más un pasatiempo que otra cosa. Pero su hermana comenzó a recibir clases de piano y danza.

Nace un pequeño carácter

Una tarde, cuando contaba cinco años y medio, en julio de 1929, María fue atropellada por un coche cuando cruzaba la calle corriendo para ir al encuentro de su hermana, que estaba en la otra acera. Se soltó del brazo de su madre y salió disparada hacia Jackie, con la mala fortuna de que un coche que pasaba en aquel momento la golpeó fuertemente en la cabeza y la arrastró unos cuantos metros. Sus aterrorizados padres la llevaron al hospital St. Elizabeth, donde un médico griego, el doctor Korilos, especialista del cerebro, la atendió y los tranquilizó. La niña había sufrido una fuerte contusión, pero no corría peligro. Y tras veintidós días de convalecencia, regresó a casa.

Por entonces su madre estaba prácticamente volcada en su hermana mayor; María quería mucho a Jackie, la admiraba, quería ser como ella... pero se daba cuenta de que todo el afecto e interés materno eran para su hermana, y aunque hasta entonces no había sentido celos, en aquel momento empezó a conocer ese extraño sentimiento. Cuando volvió a su casa tras su estancia en el hospital, su jovencísimo carácter había sufrido un cambio. Las peleas con su hermana, las habituales desde siempre entre dos niñas y consistentes en unos cuantos gritos y un olvido casi instantáneo del motivo de la disputa, se hicieron más agrias y duras. Había surgido un cierto resentimiento en María hacia su hermana y su madre, un sentimiento que, si bien apenas dejaba traslucir, crecería con los años y ya no la abandonaría nunca.

Pocos días después de su regreso a casa, el mundo se conmocionó con el *crack* de la bolsa de Nueva York. La histórica bancarrota que inauguraba la dura época de la Depresión alcanzó a la familia Callas, y George tuvo que vender su farmacia y convertirse en viajante de productos farmacéuticos. Una época difícil se les venía encima, pero Evangelia no estaba dispuesta a que sus planes de futuro se vieran truncados.

Ante la escasez de dinero, una de las primeras medidas que George propuso para hacer frente a los nuevos tiempos fue la supresión de las clases de piano y danza de Jackie, que él consideraba tan innecesarias como absurdas en un momento en que necesitaban el dinero simplemente para sobrevivir. Pero Evangelia no estaba dispuesta en modo alguno a dar su brazo a torcer. En lugar de comprender a su marido, se limitaba a recordarle una y otra vez que ella procedía de una familia mejor y que estaba harta de tener que vivir en un ambiente que no era el suyo. Con lo que los viejos problemas del matrimonio volvían a la palestra, y haciendo una rutilante reentrada.

Así, contra viento y marea, en 1930 María empezó también a recibir una educación musical. No le apasionaba la idea, pero la aceptó sin protestar, y poco a poco fue entrando, cada vez con más interés, en ese aprendizaje. Con lo cual cabe decir que, sin duda, si el mundo llegó a tener una María Callas, la más grande en la historia de la ópera, fue porque su madre consiguió ganar una batalla doméstica, ya que si de su padre hubiera dependido, María habría sido en el futuro, con toda seguridad, dentista.

Habían pasado tres años desde que María recibiera su primera lección seria. En esos tres años la niña había pasado de tener sólo una simple afición por la música a sentir un auténtico y creciente interés por la misma. Había empezado a cantar casi de una forma autodidacta, compaginando el piano con las más elementales bases de la técnica del canto, pero sus progresos eran mucho mayores de lo que cabía esperar. Y con ese interés de María por la música había nacido también otra cosa; ésta, dentro de su propio carácter, de su personalidad: había nacido su afán de superación, una creciente fuerza de voluntad que la llevaría a convertirse en la más grande, sin pensar jamás en los sacrificios que ello le reportó. Si María se propuso llegar al infinito por sí misma o si lo hizo simplemente por demostrarle a su madre que no era inferior a su hermana, nadie lo sabrá nunca con absoluta certeza aunque miles de veces se haya hablado de ello. Pero el hecho es que la joven María, con sólo diez años de edad, ya empezaba a ser tenida en cuenta.

Fue a esa edad, a los diez años, cuando tuvo su primer «éxito de público y crítica». Durante una de sus lecciones, la niña estaba tocando el piano y cantando «La paloma»; las ventanas de la habitación estaban abiertas, y el ruido de unas voces precedentes de la calle hizo que su madre fuese a cerrarlas. Y allí, tras los visillos, vio algo asombroso: la calle estaba llena de gente escuchando la canción, un público accidental que prorrumpió en aplausos cuando María terminó y que no abandonó el lugar hasta comprobar que el recital no proseguiría. María acababa de recibir su primer visto bueno multitudinario de la forma más sorprendente e inesperada. Ella aún quería ser dentista, pero su destino acababa de sellarse y su madre iba a encargarse de ello. Desde ese momento ya no pensó en su hija como en una simple cantante, sino como en una gran cantante, una estrella, y a ser posible, de la ópera.

De pronto, los papeles se habían cambiado. Las preferencias de Evangelia por Jackie y sus esperanzas de convertirla en artista acababan de sufrir un giro inesperado. La hija mayor, mucho más atractiva que la pequeña, tal vez llegara a algo en el mundo de la música, pero lo tenía más difícil. Sería más sencillo para ella conseguir una buena boda, para lo cual no tendría problemas, que luchar por salir adelante en un mundo tan difícil; en cambio, para la joven María, mucho menos agraciada, la mejor salida se mostraba en sus evidentes facultades para la música. Y era igualmente evidente que el éxito en este terreno estaba mucho más al alcance de María que de Jackie.

No es que Evangelia renunciara de pronto a seguir intentado hacer de su hija mayor una estrella; pero sí ocurrió que acababa de empezar a valorar a su hija menor, a verla desde otra óptica. Pero eso María no lo notó. Para ella todo seguía igual, seguía siendo la eterna segundona a la sombra de su hermana, el patito feo de la familia, la niña gordita y miope destinada a acabar soltera. Estaba tan convencida de su fealdad que ni siquiera quería mirarse al espejo, se sentía gorda, fea y torpe. Y eso hizo que su afán de superación, su ansia de demostrar su valía, experimentase otro fortísimo impulso. Renunció a tratar de parecerse a su hermana en el aspecto físico, en la belleza; Jackie era alta, delgada y guapa, y María era regordeta, plagada de acné juvenil y provista de gruesas gafas. Ya estaba harta de tratar de competir en una batalla que veía perdida de antemano, así que resolvió cambiar de estrategia. Decidió no parecerse en nada a su hermana, empezó a despreocuparse de su aspecto físico y se volcó en eso en lo que Jackie no podría vencerla: la música y el canto y empezó a ganar premios en el colegio, a ensayar hasta la extenuación, vaciándose en el trabajo hasta más allá de lo que nadie esperaba de ella.

Y su vida empezó a cambiar de forma notable. Aquello que había sucedido cuando cantaba con la ventana abierta, aquel primer éxito inesperado ante un público desconocido, no iba a quedarse en una simple anécdota. Cuando cumplió los once años, su madre la presentó a un concurso nacional mediante el que una emisora de radio, la Mutual Radio Network, buscaba nuevos talentos. Fue su primer concurso y su primera victoria, ya que ganó el primer premio, un reloj Bulova que llevaría durante muchos años con infinito orgullo.

Ese primer éxito animó a Evangelia a presentar a su hija en otros escenarios, decisión que se reforzaría tras un nuevo éxito en el siguiente concurso al que la presentó, una revista infantil de Chicago, donde María consiguió el segundo premio y tuvo el honor de ser presentada por el entonces archifamoso Jack Benny, quien además vaticinó a Evangelia que su hija llegaría a ser una

21

gran estrella. Estaba claro que su aspecto no era lo que más valoraban quienes la escuchaban.

Y de esta forma, como en tantas otras ocasiones ha sucedido, la madre se dedicó de lleno a una frenética carrera para conseguir el lanzamiento de su hija de la forma más rápida posible, entrando en una vorágine que a la niña no sólo no le gustaba, sino que la angustiaba e incluso la aterrorizaba. La propia María, muchos años después, hablando de su pasado y de las relaciones con su madre, hablaría amargamente de aquellos años, espantosos para ella, en los que la privaron de su infancia, de cualquier sentimiento, del simple amor familiar, de los amigos. «Una niña tratada de esa forma envejece antes de tiempo», diría la propia María de sí misma.

Mientras su madre la metía cada vez más en ese mundo competitivo que a ella no le gustaba, su sensación de soledad iba en aumento. Aunque lo había intentado, no le bastaba que los demás dijesen que cantaba bien; ella seguía sintiéndose despreciada por su fealdad, rechazada por su poco atractivo físico, y sin embargo no hacía nada por remediarlo. Tampoco su madre colaboraba a ello, más bien al contrario, porque cometía error tras error en ese terreno. En lugar de apoyarla para mejorar su aspecto, premiaba sus esfuerzos atiborrándola de comida, como si ése fuera el único interés de la niña.

Por todo cuanto hemos relatado hasta ahora, resulta evidente que la niñez de María fue en cierto modo triste, oscura, vacía de cariño y cargada de desesperanza. Pero no todos los recuerdos de aquella infancia, cuando años más tarde hacía alguna referencia a ellos, eran tristes o desagradables. Hubo también buenos momentos, cosas para ella entrañables, cosas pequeñas que de verdad le gustaban, la hacían feliz. Su interés por los demás, por la vida social, era muy escaso, pero mientras ese desinterés se hacía cada vez mayor, crecía en cambio en ella día a día la pasión y el amor por la música. Dos veces por semana su madre llevaba a las niñas a la biblioteca, en la esquina de la 5.ª avenida con la calle 42, y allí María dedicaba todo su tiempo a los discos de ópera, que devoraba con auténtica pasión. Cada semana se llevaba a casa dos discos en préstamo, pues la Depresión había acabado con la incipiente colección que años atrás iniciara su madre, y escuchaba esos discos hasta aprendérselos prácticamente de memoria. De esa forma iba conociendo las distintas óperas que pocos años más tarde ella interpretaría como nadie lo había hecho nunca.

También le gustaba ir los domingos a la iglesia ortodoxa de San Espiridón, porque si bien la religión en sí le importaba más bien poco, sí le encantaban en cambio los vistosos ritos y ceremonias, que presenciaba con un interés meramente estético mientras esperaba que llegase el momento de los cánticos religiosos, que encontraba sumamente atractivos. De hecho, María nunca llegaría a ser una mujer religiosa, pero tampoco abandonaría jamás su iglesia y el respeto por sus tradiciones.

Cuando tenía doce años, su vida ya había dado aquel giro que mencionábamos unas páginas atrás. Ya había comprendido que era en la música donde podía tener un futuro esperanzador, y que sólo la música era el vehículo para que los demás, sin tener en cuenta su aspecto físico, la tomaran en consideración. Cosa que se reafirmaría cuando aquel año, durante una representación que se hizo en su escuela, una escuela pública en el 189 de Washington Heights, hizo un papel en *El mikado*. Obtuvo un éxito considerable, que hizo aumentar tanto su popularidad entre sus compañeros como el aprecio que por ella sentían muchos que apenas se habían percatado hasta entonces de su existencia. A María empezaron a gustarle el éxito y la popularidad, y veía en ellos la única meta que hasta entonces se había planteado para, en su opinión, su «oscura» vida. Hasta entonces, según recordaría muchos años más tarde, había odiado la escuela, pero las cosas empezaban a cambiar y María se convencía poco a poco de que su voz iba a ser el vehículo para obtener su salvación o, al menos, su tranquilidad de espíritu. Por eso, decidió llegar a ser la mejor cantante del mundo.

II.   RETORNO A LAS RAÍCES

Los tiempos eran cada vez más difíciles para la familia Callas. George ya no quería pagar la educación musical de sus hijas, pero Evangelia no estaba dispuesta a renunciar a ello. Así que decidió que la única forma de poder seguir con las lecciones de las niñas era regresar, siquiera temporalmente, a Grecia, donde contaría con la ayuda de su familia, mucho más inclinada a la música que su esposo, cada día más cerrado en ese terreno. Y cuando el año 1936 llegaba a su fin, la hija mayor salía hacia su país de origen, mientras Evangelia y María quedaban atrás, cerrando la que hasta entonces había sido su casa. Con ellas iban a viajar también sus tres canarios, David, Elmina y Stefanakos, pero George, sin embargo, se negó a volver a su país, y el matrimonio, sin llegar a separarse de derecho, sí lo hizo de hecho. El griego quería a sus hijas, pero el trato con su esposa se había hecho insufrible. La marcha de las tres debió de ser para él una liberación; era una marcha temporal, y nadie pensaba que el matrimonio se rompería definitivamente, por eso las niñas aceptaron de buen grado este retorno a sus orígenes.

Poco antes de que María y su madre emprendieran viaje, el 28 de enero de 1937 la niña se graduó en su clase de 8.º en la escuela de la avenida Amsterdam. Allí se despidió de sus escasos amigos y recibió sus últimos aplausos «americanos» durante una temporada. En la fiesta que siguió a la graduación, María cantó varias partes de la opereta *HMS Pinafore*, de Gilbert y Sullivan, cosechando un éxito que ya empezaba a ver como algo normal. Poco después, madre e hija navegaban rumbo a Grecia en el transatlántico italiano *Saturnia*.

María pasó dos días de intenso mareo, pero al tercero la cosa mejoró, el mareo desapareció completamente y la niña comenzó a practicar, como si estuviera en casa. Cantaba en cualquier parte, en el salón de la clase turista, en el camarote, en el comedor... El capitán del barco la escuchó en cierto momento interpretar el *Ave María* de Gounod y le pidió que cantase en el servicio religioso del domingo, a lo que ella se negó, sin saber muy bien por qué. Pero el capitán no se rindió y le hizo una segunda invitación que esta vez sí fue aceptada. En este caso se trataba de cantar en una fiesta que el capitán iba a dar a los oficiales, la tripulación y unas adineradas señoras italianas que viajaban en primera clase. Esta oferta sí la aceptó María, que cantó sus canciones más «adecuadas», las más ensayadas, las que mejor le salían y mejores resultados le daban: el «Ave María» y «La paloma», a las que añadió «La habanera» de *Carmen*.

Su actuación le valió un nuevo triunfo, además de los primeros regalos que recibía de su público. El capitán le obsequió un ramo de flores y una muñeca que, casualmente, era la primera que le regalaban en su vida, ya que su madre siempre había prescindido de los regalos y «frivolidades» para sus hijas. Esa muñeca sería para María tan importante como lo fue aquel reloj Bulova que ganó en su primer concurso, y la conservaría durante muchos años como un amuleto muy especial. Durante toda su estancia en Grecia, esa muñeca sería su compañera, una amiga que le había permitido aprender a jugar... a los trece años. Cuando el barco llegó al puerto de Patrás, el capitán y la tripulación despidieron a María en el muelle, deseándole mucha suerte y augurándole un espléndido futuro como cantante.

De Patrás a Atenas, María hizo el viaje en tren, un viaje que le permitió ver por primera vez y con detalle las enormes diferencias entre la tierra de sus padres y abuelos y la suya propia, ese Nueva York tan poco parecido a lo que ahora tenía ante sus ojos. Y ante aquel paisaje, aquellos colores y aquel aire limpio, María se sentía griega hasta en lo más profundo de su ser.

El viaje duró todo un día, y cuando por la noche llegaron por fin a Atenas en la estación estaban esperándolas Jackie y los seis hermanos de su madre. La abuela María no pudo ir a recibirlas porque no se encontraba bien, pero las esperaba en su casa, donde Evangelia y las dos niñas iban a vivir hasta tener su propia residencia. Todo el mundo, familiares y vecinos, sabían que la razón de la vuelta a Grecia de Evangelia se debía a María, a su futura carrera, cosa que la propia Evangelia se encargaba de difundir sin descanso entre todos sus amigos y conocidos, intentando desde el primer momento crear para su hija una fama que bien se merecía. Por todas partes se hablaba de los premios que la niña había conseguido en Nueva York, de sus éxitos ante públicos bien diferentes y en circunstancias muy distintas; se trataba de encontrar a todo aquel que de una forma u otra pudiera ser útil para los propósitos de Evangelia.

Así, nada más llegar a Atenas, María se vio inmersa en una marea de audiciones, recitales, actuaciones en los lugares más insospechados y ante públicos accidentales que su madre buscaba con auténtico furor. Y fue en aquellos momentos cuando María empezó a «odiar» ese tipo de actuaciones casuales, el tener que ponerse a cantar cuando alguien se lo pedía. Por eso nunca, cuando ya sin más, fue famosa e importante, accedió a esas peticiones cuando alguien, por importante que fuese el solicitante, le suplicaba que «cantase algo». Realmente odiaba hacer eso.

María Trivella

Lo cierto es que la nueva vida de María en Grecia no empezó siendo para ella algo tan agradable y relajante como esperaba, sino más bien al contrario. El agobio a que se veía sometida por parte de su inagotable madre empezaba a ser demasiado irritante, y eso que hacía aún muy pocos meses que habían comenzado esa nueva vida en su tierra de origen. Uno de sus tíos, Efthimios, trataba de ayudarla convenciendo a Evangelia de que su proceder no era el más indicado: «La niña está en un país nuevo, rodeada de gente nueva y viviendo unas costumbres diferentes. Déjala que se adapte, y ya le buscaremos entonces cuantas audiciones quieras, y mejores que las que la obligas a dar ahora». Y, en efecto, a principios de septiembre de aquel año de 1937, Efthimios, bien relacionado con los responsables del Teatro Real de Atenas, consiguió organizarle una audición ante una eminente profesora del Conservatorio Nacional, María Trivella.

A la niña le causaba auténtico terror actuar por primera vez ante alguien verdaderamente importante en la música, alguien que sabía mucho más que cuantos profesores u oyentes la habían escuchado hasta entonces; pero cuando llevaba un par de minutos cantando ante la profesora, sus temores desaparecieron y su genio salió a la luz. Minutos después, la eminente señora Trivella prorrumpía en aplausos y elogios encendidos hacia la niña de voz portentosa, quien en ese momento quedó aceptada automáticamente como alumna de canto y de francés en el Conservatorio Nacional. Pero además, María Trivella se ocupó de conseguirle una beca, algo nada sencillo, para lo cual incluso falsificó su edad, y María pasó de tener trece años a tener dieciséis sin que nadie hiciera ninguna objeción. Las autoridades del Conservatorio no pusieron pega alguna, ya que la apariencia física de la niña, alta y robusta, permitía perfectamente adjudicarle esa edad e incluso algún año más. Y María pudo comenzar sus estudios sin tener que pagar un solo dracma.

De María Trivella se dice que no sólo fue la primera profesora de María Callas, sino también su segunda madre, una especie de sustituta de Evangelia. Fue Trivella quien impulsó definitivamente la futura carrera de la niña, quien influyó de forma decisiva en que ésta adquiriera la seguridad en sí misma que aún le faltaba y quien sembró en su mente el convencimiento absoluto de que estaba en el buen camino, que había nacido precisamente para cantar. Y con ella, María empezó a dar forma en su imaginación a la que quería que fuera su vida en adelante, empezó a pensar en abordar trabajos que hasta entonces se le antojaban imposibles, y se convenció de que, trabajando hasta el agotamiento, conseguiría que su horizonte no tuviera límites, algo que su madre, pese al mucho interés que había puesto en ello durante años, aún no había logrado.

María se volvió casi obsesiva en su trabajo; renunció a tener amigos, e incluso rechazaba las simples relaciones sociales con sus compañeros del Conservatorio, que empezaban a verla como a una a una especie de «maniática», excesivamente seria, excesivamente encerrada en sí misma. Su fuerza de voluntad adquirió la dureza del hierro, y nada conseguía agotarla. Si ya hacía tiempo que se había propuesto llegar a ser la mejor, ahora ese deseo se había convertido en una obligación insoslayable. Nadie se lo imponía, pero eso era lo que ella quería.

Pero para conseguirlo, seguía recurriendo a algo que no era precisamente beneficioso para su imagen. Su único capricho, lo único que hacía que se detuviera un momento en su ritmo desenfrenado de trabajo, era la comida. Aquellas enormes cantidades de comida que su madre le daba como premio eran para ella, ahora, «su» propio premio. Comiendo y trabajando, y parando de trabajar sólo para comer, conseguía no pensar en otra cosa. Había renunciado definitivamente a relacionarse con nadie, a vivir una vida más o menos normal. Estaba convencida de que tal cosa no iba a interesarle ya jamás, porque estaba igualmente segura de que el mundo sólo la aceptaría por su voz, por ser una gran cantante.

Durante dos años, María Trivella fue su principal maestra, pero no la única, ya que mientras aprendía canto y música, simultáneamente aprendía también actuación en la Academia, a las órdenes del famoso y respetado profesor Karandas. Y el duro aprendizaje a que ella misma se había sometido, tuvo por fin un primer «premio» en forma de reconocimiento general cuando, poco antes de cumplir los quince años, María Callas debutó por fin en un escenario «serio», el del Conservatorio, interpretando la Santuzza de *Cavalleria Rusticana*. Ganó el primer premio y recibió los aplausos que esperaba de un público mucho más entendido y difícil que cualquiera de los que hasta entonces había tenido. Ante sí María seguía siendo una chica desgarbada, gorda y voluminosa, con gruesas gafas y escaso atractivo, pero eso le importaba cada vez menos. Su «complejo» iba desapareciendo... o eso parecía.

Entre tanto su hermana Jackie, alta, esbelta y guapa, había tomado el camino que años atrás todos veían para ella como el más lógico y sencillo: el del matrimonio. Renunciando finalmente a sus cada día más diluidas esperanzas artísticas, Jackie se comprometió con Milton Embiricos, un joven heredero de una importante naviera y, por supuesto, millonario; quien, por cierto, iba a convertirse en su «novio eterno», como más adelante se verá. Pero aunque cabría pensar lo contrario, el hecho es que a María no le sentó bien el separarse definitivamente de su hermana. Creía notar que la había perdido, que iba a quedarse aún más sola a sus quince años.

Durante aquel verano de 1939, tras anunciar el compromiso, Embiricos invitó a las dos familias a una gran fiesta en su yate, el *Helene*, que se celebraría durante un crucero a Corfú. Todos fueron alojados en el Grand Hotel, y la familia de María supo entonces lo que era el auténtico lujo. Pero ella se sentía cada día más sola y no participaba de aquella brillante vida social que tanto entusiasmaba a su madre. Y fue entonces cuando conoció a la segunda persona realmente importante para su carrera: Elvira de Hidalgo, una española de la alta sociedad, un personaje que parecía sacado de los sueños de la propia María. Porque la Hidalgo no era una simple dama cargada de joyas y adicta a las recepciones y saraos, sino que era además una brillante profesora y una mujer culta que conocía el ambiente, el único ambiente, que a María le gustaría conocer, el de la Scala de Milán, el de la Metropolitan opera House de Nueva York, el del Covent Garden londinense... el ambiente del difícil e inalcanzable mundo de la ópera.

Elvira de Hildalgo

Elvira de Hidalgo, simpática, elegante, brillante e inteligente, adoraba Grecia y consiguió convertirse en profesora del Odeon Athenon, el principal Conservatorio de Atenas, donde pensaba permanecer tan sólo una temporada, pero donde en realidad iba a quedarse varios años. Al llegar Elvira, estalló la Segunda Guerra Mundial y ella quedó atrapada en Atenas. Lo cual fue sin duda una de esas extrañas jugadas del destino, ya que esa circunstancia iba a influir decisivamente en el futuro de María Callas.

Cuando Evangelia se enteró de la llegada de la Hidalgo a Atenas, se apresuró a organizar una audición de María ante ella. Y cuando Elvira la vio, fea y desmañada, con sus gruesas gafas y mordiéndose las uñas a causa de los nervios, pensó que no existía posibilidad alguna de que aquella niña llegara a ser cantante ni pudiera pisar un escenario ante un público de verdad. Aunque ya tenía referencias de la extraordinaria voz de María, su escepticismo era total cuando ésta empezó a cantar. Pero muy poco después de ese momento su opinión había cambiado radicalmente. La voz de la niña, su extraordinaria fuerza, su asombrosa versatilidad y las infinitas posibilidades que encerraba la dejaron completamente asombrada. Y en ese momento Elvira de Hidalgo ya no vio a una niña fea, sino a una extraordinaria cantante cuyo aspecto habría que transformar. Y se convirtió en lo que Arianna Stassinopoulos, autora de la que sin duda es la mejor biografía de María Callas escrita nunca, llamó «el primer Pigmalión en la vida de María».

Maria se convirtió en alumna de la Hidalgo, quien desde el primer momento acometió la dura tarea de transformarla completamente, extrayendo de ella todas y cada una de las cualidades que pudiera encerrar en lo más profundo de su personalidad. Y no era sencillo, en forma alguna, cambiar los hábitos y «manías» que la joven había adquirido a lo largo de toda su vida, así como aún menos sencillo iba a resultar arrancarle ese «complejo» de soledad que la impulsaba a descuidar de tal forma su apariencia. Pero Elvira de Hidalgo había visto en la joven Callas, además de sus innegables cualidades musicales, algo muy importante para el desarrollo futuro de las mismas: inteligencia. Y fue en desarrollar esa inteligencia de María de manera paralela a sus facultades vocales en lo que la profesora puso todo su interés.

El aprendizaje con Hidalgo fue para María como si un nuevo horizonte se hubiera abierto ante ella. Si bien ya había llegado a adquirir una cierta técnica, si ya había aprendido los rudimentos para llegar a ser una buena cantante, si se había esforzado al límite en esos primeros años, de pronto comprendió que apenas sabía nada, que estaba empezando, que era como un bebé que aprende a hablar. Hasta que Elvira de Hidalgo la colocó bajo su férula, nadie había captado aún las auténticas cualidades de la voz de la Callas. Hasta el punto de que su voz, en ese momento, era tan estrecha, estaba tan limitada a ciertos parámetros, que sus profesores del Conservatorio pensaban que no era soprano, sino «sólo» mezzosoprano. Y entonces, con la

Hidalgo, María empezó a conocer sus propias posibilidades, a desarrollar sus notas altas y bajas, a descubrir el inmenso arco de sonido que llevaba en sus cuerdas vocales y la fuerza arrolladora que podía sacar a sus pulmones. Había encontrado, por fin, la profesora perfecta.

El entusiasmo que todo ello despertó en la niña fue indescriptible. Esas nubes negras que solían envolver su vida íntima comenzaron a disiparse, y el sentimiento de soledad que eternamente la acompañaba, provocando su especial complejo de sentirse rechazada por los demás, también empezó a desaparecer. La Hidalgo había sembrado en ella seguridad, esperanza y, sobre todo, le había inyectado aún más acero a su fuerza de voluntad. María empezó a pasar el día completo en el Conservatorio, a trabajar doce o catorce horas seguidas, parando tan sólo un momento para comer. Pero no lo hacía como una obligación, sino con auténtico entusiasmo, como si ese trabajo fuese el único y exclusivo eje de su existencia. No podía estar quieta en su casa, no sabía qué hacer fuera de las aulas del Conservatorio, donde iba adquiriendo cada día nuevos conocimientos sobre la música en todos sus aspectos e iba conociendo un universo que hasta entonces sólo había atisbado. Elvira de Hidalgo se convirtió para ella en el personaje central de su vida; era como un personaje surgido de un cuento, la mujer mágica que le mostraba el sendero amarillo que llevaba al otro lado del arco iris. Se convirtió para María no ya en una «segunda madre», como tantas veces se ha dicho, sino en su auténtica madre, alguien que, por primera vez en su vida, la había entendido y la apoyaba en todo. La española despertó en la joven cantante la auténtica comprensión del arte y de sus propias posibilidades, la enseñó a vestirse, a andar con elegancia, a moverse en un escenario o en su propia casa con la distinción necesaria, a mover sus brazos y sus manos, a cuidar sus gestos y movimientos de cabeza y hombros. Le infundió, en suma, toda la seguridad que María necesitaba.

Fue Elvira de Hidalgo quien le enseñó que el «bel canto» no es sólo saber «cantar de una forma bella», sino que implica además una serie de cualidades que, casualmente, María poseía: precisión, disciplina, adiestramiento específico, desarrollo de una técnica difícil. Perfeccionismo, en suma, para conseguir la profesionalidad real. Cabe repetir aquí lo dicho unas líneas atrás: la influencia de Elvira de Hidalgo en la carrera futura de la joven María fue tan fundamental como decisiva, y es forzoso reconocer que si no se hubieran conocido, quizá el mundo jamás habría llegado a descubrir a esa María Callas que luego conoció.

El 28 de octubre de 1940, Grecia entra en la guerra. Nadie había pensado en ello hasta semanas antes, nadie creía que la entrada de Mussolini en Albania fuera a arrastrar a los griegos al conflicto, pero el hecho fue que el Duce quería instalar tropas en territorio heleno, planteó a los griegos un ultimátum y Grecia se movilizó. A partir de ese momento, las cosas iban a empeorar rápidamente para todos.

Un mes más tarde, en medio de la vorágine de aquellos dramáticos momentos, se produjo el debut de María en el Teatro Lírico Nacional de Atenas; cantó en la opereta *Bocaccio*, de Suppé, y obtuvo un importante éxito, además de su reconocimiento unánime como cantante profesional. Ya no era una simple aficionada, una simple estudiante. Había mejorado mucho, su aspecto era mucho mejor que el de meses antes y su voz había estallado, se había convertido en algo mucho más sólido y a la vez dúctil. Aquella noche el éxito, para ella, no sólo fue profesional, sino también personal, íntimo. Toda su familia estaba en el teatro y todos ellos la aplaudieron, la ensalzaron y le mostraron un nuevo respeto. Era evidente que la influencia de Elvira y su trabajo con ella habían dado sus frutos. Una nueva etapa de su vida empezaba en ese momento.

Un mundo en guerra

Y empezaba en un momento ciertamente nada fácil. En abril de 1941 la vida seguía en Atenas como si apenas nada importante estuviese ocurriendo, pero justo entonces los alemanes decidieron ayudar a sus aliados italianos, que hasta el momento no habían preocupado demasiado a los griegos. La llegada de los alemanes sí cambió las vidas de todos.

El 27 de abril los nazis ocuparon Atenas, y también los griegos empezaron a vivir el infierno que ya estaba viviendo media Europa. Escuelas, teatros, centros públicos y cientos de locales de todo tipo fueron cerrados, mientras se imponía el toque de queda desde media tarde. Las mujeres formaban grandes colas en las iglesias para rezar por sus hombres, que estaban en el frente, y nadie podía moverse con libertad.

Pero María no estaba dispuesta a interrumpir su trabajo, ni aun por los nazis. A pesar del temor que todos sentían por su seguridad, y superando su propio miedo, cada mañana, a las diez, se encaminaba a casa de Elvira, donde permanecía todo el día, regresando sola a su casa cuando terminaba su trabajo, sin preocuparse por la hora ni por la posibilidad se ser detenida por alguna patrulla alemana por haberse saltado limpiamente el toque de queda. Afortunadamente, tal cosa no llegó a ocurrir.

En 1941, tras la caída de Creta en manos alemanas, toda Grecia estaba ya ocupada. El rey y el Gobierno habían huido a Egipto, y ya poco más había que hacer, salvo esperar. Con toda Grecia sometida, la vida se hizo algo más llevadera, y el toque de queda implantado en Atenas se suavizó. Volvieron a abrirse teatros, colegios y comercios, y una cierta normalidad retornó a la vida cotidiana. Pero cuando María volvió al Conservatorio, había dejado de ser una estudiante. El hecho de haber estado trabajando con Elvira durante ese tiempo en el que todos los demás se quedaron en casa le permitió volver a la vida normal convertida en miembro permanente de la Ópera de Atenas, con tan sólo diecisiete años.

La ópera, una vida diferente

María Callas acababa de entrar de lleno en la que iba a ser su vida de ahí en adelante: la ópera. Aunque su calidad y valía estaban fuera de toda duda, aunque era evidentemente superior a cuantas cantantes coincidían con ella en aquel momento, el hecho de haber sido recomendada, prácticamente impuesta, por la poderosa e influyente Elvira de Hidalgo, hizo nacer instantáneamente esa marea de envidias y odios de gentes más mediocres que a partir de entonces la perseguiría durante toda su vida. Europa estaba en guerra, y María, desde ese momento, también, en una guerra propia y dura a la que, por fortuna, supo hacer frente.

Cuando su nombramiento se hizo oficial, comenzó la batalla. Las cantantes más antiguas de la compañía pusieron el grito en el cielo; los «técnicos» la acusaron de tener unos registros ingobernables, de poseer una voz demasiado aguda, demasiado metálica, demasiado cortante además de ser excesivamente emotiva. Objeciones que tenían una cierta base, pero que no tenían en cuenta que la persona a la que se dirigían tenía solamente diecisiete años, y cantaba con más fuerza, calidad y potencia que cualquiera de las demás cantantes con las que en aquel momento había de compartir su trabajo.

Ello provocó que María, que había comenzado a perder su eterno miedo a los demás, su complejo de sentirse rechazada, volviera a encerrarse en sí misma, volviera a mirar a todos como a rivales y enemigos. Cualquier viso de compañerismo en su nueva situación desapareció casi por completo.

Mientras, la vida cotidiana de todos iba haciéndose, dentro de esa falsa normalidad, cada día un poco más difícil. Llegó la escasez de alimentos y con ella el racionamiento, y los atenienses se veían forzados a ir al mercado negro en busca de las cosas más indispensables. Ese mercado negro estaba en las montañas, lo que obligaba a quienes acudían a él a realizar largas caminatas no exentas de riesgo. María, de cuando en cuando, iba a las montañas con su madre o su hermana para volver con algunos alimentos que en la ciudad eran imposibles de encontrar. Y entre tanto, seguía con sus estudios y sus ensayos.

Años atrás, su primer «éxito de público» le había llegado cuando cantaba «La paloma» con las ventanas abiertas; y de nuevo, en el verano de 1941, uno de sus recitales «cara a la calle» iba a resultar sonado. Los alemanes habían emitido una proclama prohibiendo cualquier tipo de ruido, tanto en lugares públicos como en domicilios privados, lo que significaba que María debería dejar sus ensayos. Eso fue demasiado para ella, que no tuvo otra idea que acercar el piano al balcón, abierto de par en par, y ponerse allí a cantar a pleno pulmón, con el consiguiente terror de su familia y el lógico entusiasmo de los transeúntes, que prorrumpieron en una gran ovación. Incluso algunos italianos y alemanes que acudieron al inesperado concierto se unieron a esos aplausos. Y a María, sorprendentemente, no le ocurrió nada. Su voz parecía tener algo mágico que aplacaba a las fieras, incluidos los nazis, y que le ganaba el aprecio y el respeto de cualquiera que tuviera la fortuna de escucharla. Algunos soldados italianos, amantes de la ópera y prendados de su voz, llegaron a llevarle regalos en forma de comida a cambio de escucharla cantar unos minutos.

Esa voz de María y ese entusiasmo de los italianos por la ópera llegó a servirle para salvar su vida y las de su madre y hermana cuando, tras haber dado asilo en su casa a dos militares griegos fugitivos, y poco después de que éstos hubieran conseguido escapar, una patrulla italiana se presentó en el piso para hacer un registro. Allí habían quedado cartas y algún objeto de los fugitivos, y de haberlos encontrado los soldados las tres hubieran sido fusiladas. Pero María, al verlos llegar, se sentó al piano y se puso a cantar *Tosca*. Los soldados italianos se olvidaron del registro, se sentaron en torno a ella y acabaron aplaudiendo como locos. Volvieron al día siguiente, pero esta vez no para registrar la casa, sino para llevarle a María un buen montón de regalos en forma de salchichones, salamis y hogazas de pan, y pedirle que les cantara algo más...

Y María siguió cantando en la ventana. Y esa *Tosca* que le había salvado la vida sería también el talismán que le abriría otras puertas. Porque algunas semanas después, María cantaba de nuevo *Tosca* en su balcón cuando alguien, desde un punto cercano, le respondió cantando el papel de Mario. Sorprendentemente, al día siguiente ocurrió lo mismo, y durante varios días más. Uno de aquellos días, se enteró de que la cantante que interpretaba en aquel momento la protagonista de *Tosca* en la Ópera de Atenas acababa de caer enferma, y poco después un representante del teatro vino a ofrecerle el papel, su primer papel profesional de verdadera importancia. María nunca supo quién era el misterioso Mario que hacía con ella sus dúos nocturnos, pero parece evidente que debía de ser alguien relacionado con la Ópera de Atenas.

36

Cuando la titular del papel, enferma en su cama, se enteró de quién iba a ser su sustituta, casi enloqueció de celos. Ordenó a su marido que fuese al teatro e impidiera el paso a María, pero éste no sabía con quién se iba a encontrar. Cuando el pobre hombre trató de cerrarle el camino al escenario, María saltó sobre él y le dejó la cara cubierta de arañazos, tras lo cual salió, cantó y triunfó de una forma arrolladora. La chica de 17 años que había sido colocada en el teatro contra viento y marea por su protectora, Elvira de Hidalgo, acababa de ganarse su prestigio sin más, consiguiendo que los críticos presentes la ensalzaran hasta un punto que sorprendió a todos, y las comparaciones con la cantante a la que había sustituido casi consiguieron retirar a la pobre enferma de los escenarios para siempre. María la había, literalmente, «aplastado».

Al verano siguiente, en agosto de 1942, volvió a interpretar *Tosca* en la Ópera de Atenas pero esta vez como titular del papel, no como suplente. Su éxito fue tan grande que, una vez concluida la serie de representaciones, el Ejército italiano le pidió que fuese a Salónica a cantar para las tropas de ocupación. Evangelia impuso ir con ella, pero los militares se lo prohibieron, y ésta retiró a su hija de la compañía argumentando que era demasiado joven para viajar sola en medio de tantos peligros.

En abril de 1944, María volvió al escenario de la Ópera para interpretar *Tiefland*, obteniendo un nuevo triunfo y, sobre todo, una amplia y muy favorable publicidad. Pero el dominio alemán y la ocupación, por fortuna, estaban llegando a su fin. En octubre los alemanes abandonaron Atenas, y Grecia fue liberada.

De la Guerra Mundial a la Guerra Civil

María estaba a punto de cumplir veintiún años cuando recibió una carta de su padre, la primera en seis años, con la que le enviaba cien dólares como regalo, pero sin indicar su propia dirección. Y un día después de su cumpleaños, el 5 de diciembre de 1944, Atenas volvió a verse inmersa en el terror de las armas, pues los grupos comunistas de ELAS, dependientes de la resistencia griega, se alzaron contra el Gobierno, tratando de conseguir el poder «por el sistema soviético». Atenas estuvo a punto de caer en manos de los comunistas en aquella inesperada guerra civil, aún más terrible que la que acababan de sufrir. Hubo miles de muertos, entre ellos el hermano menor de su madre, su tío Filon, y volvieron las terribles privaciones, el hambre y el desabastecimiento. Evangelia y sus dos hijas pasaron aquellos días de terror encerradas en su casa, y aquella Navidad de 1944 fue especialmente triste. María, esta vez, no podía cantar, no podía estudiar, no podía salir a la ventana. Sin comida y sin combustible para calentar el piso, las tres mujeres estaban desesperadas. Pero la salvación llegó por sorpresa. Y gracias, como ya empezaba a ser habitual, a la voz de María.

Un mensajero de la embajada británica apareció en su casa con una carta; era de un oficial inglés, admirador de María Callas, que solicitaba su presencia en la embajada. María estaba en casa con su madre, pues Jackie se encontraba con Milton, y ambas decidieron arriesgarse, aunque salir de la casa suponía el riesgo de recibir un disparo de los comunistas. Acudieron a la embajada, donde quedaron asiladas. Poco después, en Año Nuevo, fueron trasladadas a un hotel, donde se reunieron con Jackie y Milton y donde permanecieron hasta el día 13 de enero, cuando por fin se estableció una tregua.

Grecia estaba en ruinas, y María, desesperada. De pronto todo su interés se centró en volver a Estados Unidos y dejar tras de sí a su madre, cada día mas absorbente, a su hermana y a sus odiosos compañeros de la Ópera de Atenas. Además, recibió el anuncio de que su contrato no iba a ser renovado, pues sus enemigos habían ganado posiciones en el río revuelto de la posguerra. Pidió consejo a Elvira, quien sólo tenía una idea para su futuro: estaba convencida de que María debía ir a Italia, donde su valía y méritos serían reconocidos sin necesidad de apoyos externos, influencias ni afiliaciones políticas. Pero María, por alguna razón que ni ella misma se explicaba, prefería volver a América, pese a la insistencia de su querida mentora, que fue la primera en conocer su decisión.

Una mañana, de una forma fría y sin dar opción a discusiones, se lo dijo a su madre. Dio un último recital para conseguir dinero para el pasaje y, sin más, dejó atrás todo, a su madre y a su hermana, a su familia y su vida en Grecia, y se embarcó en el *Stockholm* camino de Nueva York. Sólo Elvira de Hidalgo acudió a despedirla aquel día de septiembre de 1945.

III.   NUEVA YORK... Y EUROPA

María llegaba a Nueva York con los cien dólares que le había enviado su padre por todo capital, y sin la menor idea de si habría alguien esperándola en el muelle. Su drástica decisión, tomada en un momento desesperado, empezaba ahora a darle miedo. No sabía dónde encontrar a su padre, y sólo tenía una vaga idea de dónde podría estar su padrino, el doctor Lantzounis. Aparte de ellos, apenas conocía a nadie en la ciudad. Su madre, que había sufrido un acceso de ira al conocer su decisión de abandonarla tan repentinamente, estaba tan resentida que ni siquiera le dio un solo consejo ni le facilitó alguna dirección a la que acudir en Nueva York. Evangelia se sentía traicionada por su hija, y ese nuevo resentimiento iba a durarle mucho tiempo, aumentando con el paso de los años, e iba a abrir un abismo entre ella y su hija que acabaría siendo imposible de salvar. Durante el resto de su vida, Evangelia se sintió una «víctima» de su hija María, pero a la vez consiguió que ésta se sintiera a su vez víctima de su madre.

Pero la fortuna iba a echarle una mano a la joven María; porque cuando acababa de pasar la aduana, y justo en el momento en que el terror empezaba a apoderarse de ella al verse definitivamente sola en la mayor ciudad de Occidente, un caballero de unos sesenta años se acercó a ella para preguntarle si no conocería por casualidad a una joven llamada María Kalogeropoulos, que viajaba en ese barco. La alegría de María fue tal que se arrojó llorando en sus brazos, hasta que finalmente pudo empezar a contarle a su padre, quien tal era el caballero en cuestión, todo lo ocurrido en los últimos años y su decisión repentina de volver a América. George se había enterado casualmente de la llegada de su hija por las páginas del periódico para la colonia griega que leía cada día, y que incluía la lista de pasajeros del *Stockholm*. La búsqueda, gracias a la suerte, había concluido sin siquiera iniciarse.

Así que María, nada más llegar, ya tenía un sitio donde vivir y alguien que cuidaría de ella sin pedirle nada a cambio. Se instaló momentáneamente en el pequeño piso de su padre, en el número 157 de la calle Oeste, y se aplicó a buscar a su padrino.

Localizó a Leo Lantzounis sin dificultad, pues se había convertido en un médico eminente, famoso entre la comunidad griega de la ciudad. Le encontró casado con una joven de la misma edad que ella, llamada Sally, y vio que era un hombre feliz. Lantzounis, por su parte, se llevó una gran alegría al reencontrarse con su ahijada, y le ofreció desde ese momento todo su apoyo. Sally y María se hicieron grandes amigas, y ambas daban largos paseos por la ciudad que la recién llegada estaba redescubriendo. María se compró ropa nueva, se dedicó a cuidar la casa de su padre y a comer con auténtica ansia, ya que las privaciones pasadas en los últimos años habían hecho mella en su físico y en su espíritu. Eran como unas vacaciones tras un periodo de angustioso trabajo... pero ella no olvidaba que el trabajo habría de volver, y empezó a pensar de nuevo en buscar contactos y, si era posible, algún contrato, porque evidentemente no había renunciado a su carrera.

Así que empezó a visitar a agentes y a empresarios, pero sin ningún resultado. Cuando hablaba de su currículum, de las óperas que había cantado y los éxitos que había cosechado, siempre le hacían la misma pregunta: dónde. Y al responder que en Atenas, era como si todo su pasado no hubiera existido.

Fueron muchas las decepciones que sufrió en los primeros meses tras su llegada, y algunas especialmente duras. Consiguió ser escuchada por el gran Giovanni Martinelli, un tenor famoso al que ella admiraba desde hacía mucho, y sufrió al escuchar su veredicto: «Tiene buena voz, pero necesita muchas más clases». María se sentía mal, herida en su orgullo, pero no iba a permitir que tal sentimiento se notara. Tenía ya la suficiente seguridad y confianza en sí misma como para superar cualquier crítica adversa de esa índole. Y eso, sin duda, la ayudó en sus siguientes pasos.

Volver a empezar

María tenía la sensación de estar empezando de nuevo, pero esta vez contaba con la seguridad de que no empezaba de la nada. Y por fin, a finales de enero de 1946, conoció a dos personas que iban a devolverle la fe en el mundo. Un abogado neoyorquino, Edward Bagarozy, gran aficionado a la ópera desde niño, y su mujer, Louise Caselotti, una mezzosoprano muy reputada como maestra de canto. Inició con ellos una excelente relación, sin saber entonces que Bagarozy se convertiría para ella con los años, por esas cosas del destino y el dinero, en una pesadilla. Pero, de momento, María empezó a frecuentar la casa de los Bagarozy hasta acabar sintiéndola como su segundo hogar. Trabajaba intensamente con Louise, y un día, inesperadamente, recibió una llamada del gerente de la Metropolitan Opera House, Edward Johnson, que había accedido a verla gracias a la insistencia de Bagarozy.

Para sorpresa de todos, Johnson, tras escucharla, le ofreció nada menos que los papeles principales en sendas óperas, *Madame Butterfly* y *Fidelio*. Pero si asombrosa fue la oferta hecha a una joven de 22 años prácticamente desconocida, más aún lo fue la respuesta de ésta: «No». Una negativa que no carecía de lógica, ya que María no quiso arriesgarse a cantar *Fidelio* en inglés ni a encarnar a una frágil mujercita japonesa de quince años siendo como era ella una robusta mujer, bastante gruesa, con casi 90 kilos de peso. Era un riesgo que no quería correr, pero sin embargo asumió otro: el de una negativa a los todopoderosos gestores de la Metropolitan, que podía costarle el cerrarse las puertas del gran teatro para muchos años. Pero aunque todos la presionaron y agobiaron, tratando de convencerla por todos los medios, María no dio su brazo a torcer. Confiaba en su intuición y ya tenía suficiente confianza en sí misma como para tomar decisión tan asombrosa. Con los años se vería obligada a rechazar ciertos contratos arriesgados, pero entonces sería por simple prudencia, por un cierto miedo al fracaso. En esta ocasión no, no era miedo. Era lo que Elvira de Hidalgo había visto en ella y consideraba una de sus grandes cualidades para poder llegar a ser una estrella: inteligencia. Fue sin duda una decisión inteligente.

Pero su firme convicción empezó a flaquear al ver que, a partir de ese momento, ninguna puerta se abrió ante ella. María volvió a sentirse insegura; su madre le había escrito al enterarse de que había rechazado el contrato de la Metropolitan, y ahora María le contestaba pidiéndole que volviera a América, que viniera a echarle una mano. Evangelia no se hizo de rogar, y superado ya, al menos a primera vista, el reciente enfado con su hija, llegó a Nueva York poco antes de las navidades de aquel año de 1946. María y su padre estaban esperándola, y el reencuentro entre marido y mujer, después de nueve años, fue amable. Pero esa paz duró poco. Porque George tenía otra mujer, Alexandra Papajohn, con la que mantenía una buena relación desde hacía tiempo y con la que había encontrado la estabilidad que con Evangelia le resultaba imposible. Alexandra acabaría, años más tarde, convertida en su segunda esposa. La vida familiar no se reanudó; Evangelia se instaló en la habitación de María y volvió a su lloriqueante papel de madre ofendida y esposa despreciada. Pero estaba de nuevo en América, y allí iba a quedarse para volver a convertirse en la sombra de su hija.

A finales de ese año, Bagarozy se embarcó en una aventura operística, cosa que ya había hecho en anteriores ocasiones con desiguales resultados. Confiando ciegamente en María, el abogado aficionado a la ópera se propuso resucitar la Ópera de Chicago, prácticamente abandonada, formando una nueva compañía, que bautizó como la United States Opera Company, y con la que se proponía, junto al famoso agente italiano Ottavio Scotto, traer a Norteamérica a los mejores cantantes de Europa. María, naturalmente, tenía un sitio en la nueva compañía.

En Chicago el proyecto fue muy bien recibido; los periódicos se volcaron en apoyo de Bagarozy, y en pocas semanas todo el país hablaba ya del acontecimiento. Mientras la compañía ensayaba, el abogado promocionaba por todas partes su nuevo proyecto, y mientras ofrecía a los entendidos una serie de excelentes posibilidades, a la prensa le hablaba de una misteriosa nueva cantante de origen griego que iba a causar sensación. La presentó como «Marie Calas» quién sabe si para que su nombre pareciera más exótico, y *Turandot*, su primera producción, sería la ópera que la daría a conocer. Pero la cosa no iba a ser tan fácil, porque pronto empezaron los problemas. El sindicato de cantantes fue el primero; presentó una demanda de depósito para garantizar el pago a los miembros del coro, y Bagarozy no pudo hacer frente a tal petición. Intentó conseguir dinero, pero el día de la inauguración del teatro se acercaba y el horizonte se vislumbraba oscuro. Se había anunciado para el 6 de enero y hubo de aplazarse, en principio, hasta el 27. La desmoralización empezó a cundir, y finalmente a Bagarozy no le quedó otro remedio que declararse en quiebra. Perdió su casa, su coche y las joyas de esposa, que vendió para pagar algunas de las deudas contraídas. Pero no cejó en su empeño de lanzar la carrera de María, en quien confiaba de una manera total.

Ésta regresó a Nueva York en compañía del cantante Nicola Rossi-Lemeni, con quien había entablado amistad en Chicago, y nada más llegar comenzó de nuevo a trabajar con Louise, tratando de olvidar todo lo que acababa de ocurrir y confiando en que la suerte cambiaría. Cambio que se produjo con la llegada a Nueva York de Giovanni Zenatello, famoso tenor italiano que en aquel momento era director artístico del festival de Verona y que estaba en América a la caza de una soprano para una nueva producción de la *Gioconda*. Rossi-Lemeni, el nuevo amigo de María, estaba ya contratado desde el año anterior para aquella ópera y convenció a Zenatello de que la escuchase, aun cuando ya tenía otras sopranos más conocidas en cartera. La audición se realizó en el apartamento de Zenatello, donde María cantó el «Suicidio» de *La Gioconda*, y consiguió entusiasmar al viejo tenor italiano, que con sus setenta años a la espalda, se lanzó a cantar con María convencido de que había realizado un hallazgo importante. E inmediatamente la contrató.

La carrera de María Callas comenzaba de nuevo, pero faltaba un detalle que había que resolver; Bagarozy, que realmente había hecho mucho por ella, le ofreció convertirse en su representante artístico, algo que él consideraba, y que de hecho lo era, de elemental justicia, y María aceptó. El abogado sería en adelante, y por un periodo de diez años, su agente exclusivo y su representante personal, cobrando el diez por ciento de todos los honorarios que ella percibiese por sus actuaciones, tanto en ópera como en conciertos, emisoras de radio y televisión y grabaciones. Bagarozy percibiría su comisión siempre después de que María hubiera cobrado ya. Un convenio «tipo», el habitual en esta clase de acuerdos de representación, que nada tenía de extraño ni de «injusto», pero que iba a convertirse con el tiempo en una pesadilla para la Callas a causa de los problemas que luego sobrevendrían, provocados en buena parte por Evangelia y, en una parte mucho mayor, por el futuro marido de María, «Titta» Meneghini.

Gian Battista Meneghini y Tulio Serafin

María firmó el contrato con Bagarozy, y en junio de 1947, a bordo del transatlántico *Rossia*, partió hacia Nápoles, donde llegó el día 27 acompañada por Nicola Rossi-Lemeni, camino de su primer debut realmente importante en el Festival de Verona. Por fin estaba en Italia, donde su gran mentora Elvira de Hidalgo siempre quiso verla. Había tardado dieciocho meses, pero había llegado. Y en lo que no tardó fue en entusiasmarse por su nuevo trabajo; nada más llegar a Verona se iniciaron los ensayos, las pruebas y las relaciones sociales. Durante una de las cenas a las que cada día acudía, conoció a un industrial que iba a ser parte fundamental en su vida: un hombre mucho mayor que ella, Gian Battista Meneghini, jefe de un próspero negocio familiar, una compañía fabricante de materiales de construcción que le permitía vivir muy holgadamente, y que tenía fama de buen vividor y de notorio mujeriego. Meneghini había quedado prendado de la joven grecoamericana nada más verla, pese a su no excesivo atractivo, pero si sorprendente fue tal circunstancia, más lo fue todavía el hecho de que a María le ocurrió lo mismo. Fue un «flechazo» inesperado que dejó a todos boquiabiertos, pero que cambió la vida de la joven cantante. Desde aquel momento, Meneghini se convirtió en una nueva «sombra» para María, su acompañante casi exclusivo, su guía y su confidente. Y María se mostraba feliz. Felicidad que aumentó aún más cuando poco después conoció a Tulio Serafin.

A lo largo de todo aquel verano de 1947, la relación entre la joven y su nuevo enamorado, que por edad era confundido constantemente con su padre, se hizo cada vez más estrecha, pero Meneghini debía compartir a María con el otro gran personaje que acababa de aparecer en su vida, Serafin, en aquel momento uno de los directores de ópera más famosos del mundo, y que supuso otro revulsivo impactante en la vida de la joven. Era él quien iba a dirigir su debut en Verona, y de paso, gran parte de su futuro inmediato, ya que con él aprendió mucho de lo que aún le quedaba por aprender. Si Elvira de Hidalgo fue su primera gran maestra, Serafin sería el segundo. Y lo fue porque a él mismo le interesó; María le pareció excepcional, y se volcó con ella.

Cuando todo estaba a punto para el gran acontecimiento, la noche del ensayo general María se torció un tobillo. Meneghini la cuidó durante toda la noche, y María pudo cantar. Pero lo hizo angustiada, impresionada por el inmenso escenario y el público entendido que tenía delante, y aunque obtuvo buenas críticas, no consiguió el éxito que esperaba con tanta pasión.

Sin embargo, aquel relativo primer fiasco italiano no hizo demasiada mella en la joven. El apoyo que Meneghini le brindaba le daba ánimo y alas para seguir soñando; rechazó algunas ofertas escasamente interesantes y esperó de nuevo a que llegara la gran oportunidad. Con Meneghini, se fue a vivir a Milán, y allí, con la ayuda de Serafin, consiguió ser contratada para una producción de *Tristan und Isolde* que iba a montarse en La Fenice de Venecia en diciembre de aquel 1947, y que Serafin dirigiría. Pero además, la oferta incluía otra ópera, *Turandot*, que se montaría al mes siguiente. María iba a cobrar 50.000 liras por función, y tal fue su alegría que firmó el contrato sin leerlo. No se dio cuenta de que había aceptado cantar un papel que no conocía, lo que empezó a preocuparla seriamente, pero cuando se lo dijo a Serafin, éste le quitó el miedo: con un mes de estudio, solucionado.

Y por fin llegó el esperado primer éxito en Italia. El estreno de *Tristan und Isolde* fue antes de Navidad, y el gran triunfo que María cosechó hizo que aquellos días fueran inolvidables para ella. Pero inmediatamente se aplicó a aprenderse el papel de *Turandot*, y el éxito se repitió. A partir de ese momento, empezaron a llegarle ofertas cada vez más interesantes, aunque aún los grandes teatros, las «mecas» operísticas, se antojaban muy lejanos. Pero aquel primer debut en Venecia en 1947 le reportaría un buen año de 1948, que pasó prácticamente entero actuando y triunfando en las muchas de las principales ciudades de Italia. En Trieste cantó por primera vez a Verdi haciendo la Leonora de *La forza del destino*, en Génova hizo de nuevo el papel de Isolda, y obtuvo considerables éxitos en Udine, Turín, Rovigo, Florencia y Roma.

Serafin se había convertido en su segundo acompañante inseparable; si Meneghini lo era para la vida cotidiana, Serafin lo fue para su vida profesional. En julio de aquel satisfactorio 1948 María se enteró de que la familia de su adorador Meneghini estaba en su contra; Gian Battista había dejado prácticamente de lado su trabajo como jefe del negocio familiar para dedicarle todo su tiempo a ella, convirtiéndose «de facto» en su administrador, y eso era algo que sentaba muy mal al justamente preocupado clan. Los Meneghini habían sembrado toda la cizaña posible contra ella entre la alta sociedad de Verona, y la inquina se hacía notoria. Decían que ella había ido a Verona exclusivamente para casarse con un hombre rico, que estaba tratando de «pescar» a Gian Battista, lo cual no era en modo alguno cierto. Si él hubiera podido ya se habría casado con María, pero era ella la que le daba largas. Al fin y al cabo, tenía 53 años, y a María eso le creaba ciertas dudas sobre el futuro. Tampoco a Evangelia le hacía ninguna gracia aquella posibilidad, y trató de quitar a su hija de la cabeza la idea de casarse con él. Pero su opinión, en aquel momento, valía muy poco. Mientras el año 1948 llegaba a su fin cargado de buenos resultados, las dudas de María sobre «Titta», que así era como había empezado a llamarle, iban disipándose; su padrino, Leo Lantzounis, casado con una mujer a la que doblaba en edad, le aconsejó que siguiera su instinto, y se puso como ejemplo vivo de que la diferencia de edad no tenía por qué ser un inconveniente. Y su opinión valía para María mucho más que la de su madre.

En noviembre de 1948, tras triunfar en Florencia, María volvió a Venecia para una producción dirigida, como de costumbre, por Serafin. Hacía el papel de Brunilda en *Las walkirias*, una de las dos producciones que Tulio dirigiría durante ese fin de año y el comienzo del siguiente. La otra era *I Puritani*, donde la famosa soprano Margherita Carosio hacía el papel de Elvira. María se puso

48

a ensayar sin descanso, como era su costumbre, en sesiones agotadoras en la *suite* de Serafin en el hotel Regina. Una noche que la esposa del maestro había salido de la estancia para hablar por teléfono mientras María ensayaba, ésta, cansada de las constantes repeticiones de su papel, se puso a mirar la partitura de la otra ópera que Serafin tenía sobre el piano y a canturrear, medio en broma, el papel de Elvira. La mujer de Serafin se quedó escuchando tras la puerta, y se quedó asombrada de la facilidad con que María entraba en el personaje y en la partitura. Lo curioso es que la llamada que la mujer acababa de recibir era de su desesperado esposo, que acababa de quedarse sin su protagonista para el papel de Elvira, pues la Carosio había contraído una virulenta gripe. Así pues, madame Serafin le pidió a María que en cuanto llegase su marido le cantase eso mismo que estaba «tarareando». Así lo hizo, y tras meditar unas horas, Serafin le comunicó que quedaba encargada de interpretar ese papel... a la semana siguiente. Consideraba que sería capaz de hacerlo, aunque aún le quedasen tres *Walkirias* por delante, y su confianza ciega en María hizo que ésta aceptase la arriesgadísima petición. Fue una semana de auténtica locura, saltando de papel en papel, estudiando contra reloj, pero el 19 de enero, cuando *I Puritani* se estrenó tras el éxito cosechado con *Las walkirias*, nadie podía creer lo que María había logrado. Otro triunfo clamoroso y una auténtica noticia bomba en toda Italia, que se rindió a los pies de la genial cantante grecoamericana.

Pero no hubo sueño sobre los laureles. Una semana después, ya estaba de nuevo la Callas con otro personaje, esta vez en Nápoles, haciendo *Turandot*, y de allí otra vez a Roma para hacer *Parsifal*. Era incansable, y asombraba a todos con su capacidad de trabajo con su actitud y su poder.

En Roma conoció a Franco Zeffirelli, quien sería clave para su futuro. El gran director estaba allí preparando un montaje, y apareció por el ensayo general de *Parsifal* lamentándose de que le era imposible conseguir ninguna modista ni costurera, todas ellas dedicadas a aquella nueva cantante, a la que no conocía. Allí, de pronto, la oyó, y según contó después, su impresión fue total, sintió como si estuviera asistiendo al nacimiento de algo único. Y en aquel momento, empezó a interesarse por trabajar con ella. La saludó y la felicitó, pero ahí quedó todo.

La boda con Meneghini

En primavera, tras el ajetreado comienzo de aquel movido 1949, le llega su primera oferta para el Teatro Colón de Buenos Aires, donde debería debutar en el mes de mayo. María aceptó y se dedicó a cumplir los compromisos que aún tenía en Italia, dejando un mes libre para preparar su debut argentino. Era la primera vez que iba a separarse de Meneghini durante bastante tiempo y por muchos miles de kilómetros, y pensó que había llegado el momento de regularizar su situación. Dio el sí a su amado Titta, quien consiguió una dispensa para casarse fuera de la Iglesia católica, y el 21 de abril se convirtió en «señora de Meneghini» en la iglesia del Filipponi de Verona, en una ceremonia sencillísima, íntima, sin la presencia de ningún representante de ninguna de las dos familias. Sólo estaban ellos, el sacerdote y dos amigos de Gian Battista que ejercieron como testigos. Inmediatamente, sin banquete ni celebración alguna, se fueron a Génova, donde María iba a embarcar en el transatlántico *Argentina* camino de Buenos Aires acompañada de Serafin, que sería el director de todas sus actuaciones allí. Se limitó a enviar unos telegramas a su familia en Nueva York comunicándoles la noticia, y lo hizo en italiano, como si con su boda con un italiano hubiera renunciado a sus raíces griegas. Su madre le envió unas flores y uno de sus consejos: «Recuerda, María, que antes que a tu esposo perteneces a tu público».

El 20 de mayo, la Callas actuó por primera vez en el Teatro Colón de Buenos Aires, y lo hizo con *Turandot*, obteniendo el éxito que todos esperaban. La crítica la elevó a las nubes, y los argentinos se rindieron a su genio. Aquélla sería la última vez que María interpretase esa ópera en un escenario; había cantado *Turandot* por toda Italia en un total de veinticuatro ocasiones, pero era una ópera a la que tenía cierto miedo, porque podía dañar su voz como había dañado las de muchas otras grandes cantantes. Ya

50

podía permitirse elegir, y empezó a quitar de su repertorio algunas óperas «problemáticas». No porque no pudiera con ellas, sino simplemente porque quería que su voz le durase el mayor tiempo posible.

Su estancia en Argentina empezó a hacérsele muy larga, a pesar de la presencia a su lado de Serafin; tenía unas enormes ganas de regresar a Italia para reencontrarse con su recién estrenado marido y con el que sería su primer auténtico hogar, un ático que su esposo había comprado para ella en Verona. Su última actuación en Argentina en aquella visita de 1949 fue en el Teatro San Carlos de Buenos Aires, donde cantó *Nabucco* junto al famoso barítono italiano Gino Becchi, al que robó todo su merecido protagonismo con una actuación memorable, y por fin pudo regresar a Italia.

La Callas, convertida ya en una de las más prometedoras nuevas estrellas de la ópera mundial, abrió 1950 cantando en Venecia *Norma*. Iba a ser un año decisivo en su carrera; mientras su popularidad aumentaba día a día, los grandes teatros, la Metropolitan, el Covent Garden y en especial la «meca», la Scala de Milán, aún permanecían sordos a su creciente fama y a la catarata de elogios que se había ganado. Los primeros meses de aquel año fueron de trabajo incesante en Italia, una sucesión de éxitos en Venecia, Brescia, Roma y Catania, donde sus personajes de Aída, Isolda o Norma iban convirtiéndose en legendarios. Y por fin, llegó la esperada llamada.

Una «bomba» en la Scala

La Scala de Milán pidió inesperadamente a María que se encargara de la *Aída* que tenían en preparación; pero el papel era en principio para Renata Tebaldi, quien sería ya para siempre la gran rival de Callas; en aquel momento, y desde hacía algún tiempo, la Tebaldi era la soprano más admirada en todo el mundo. Renata no había podido aceptar aquel papel en la Scala por una súbita enfermedad, así que lo que le ofrecían a María era una sustitución, su debut en la Scala iba a ser como suplente... y eso no le hacía demasiada gracia. Además, tampoco *Aída* era la ópera con que le habría gustado

51

debutar. Pero al fin y al cabo, se trataba de su debut en el principal teatro de ópera el mundo y no podía rechazarlo. Así que aceptó.

Cuando María y su esposo llegaron a Milán a finales de marzo —el estreno estaba previsto para el 12 de abril—, la avalancha de periodistas que se le vino encima iba a encontrarse con unas respuestas que no esperaba. Le preguntaron qué sentía al cantar por fin en la Scala, qué pensaba del teatro... y María respondió a todo desde la más helada lejanía:

—*¿La Scala?... Sí, un teatro magnífico. Sí, claro que estoy emocionada... pero soy muy miope, y para mí todos los teatros son iguales. La Scala es la Scala, pero yo soy miope.*
—*¿Y el público de Milán? ¿Qué piensa de él?*
—*Para mí todos los públicos son iguales. Si canto bien me aplauden, si no, me silban. Es el mismo público en todas partes.*

Aquellas respuestas cargadas de indiferencia hacia el teatro considerado como el primero del mundo y hacia el público considerado como el más selecto y entendido cayeron como una verdadera bomba en todo el mundo de la ópera y en especial, claro, en Milán. Los responsables del teatro, encabezados por el administrador, Antonio Ghiringhelli, sufrieron un auténtico acceso de cólera (no sería, ni mucho menos, el último), y el público se puso, en cierta forma, en su contra. Pero María sabía muy bien lo que había hecho; contestaba así al «desprecio» que veía en que su debut fuera como de simple suplente, y negaba cualquier tipo de pleitesía a la intocable Scala y a su entorno. Pero en su fuero interno, estaba realmente aterrorizada. El teatro la impresionaba, y el público también. Sabía lo que se estaba jugando, y nunca sufrió tantos nervios como en aquellos momentos. Toda la alta sociedad de Italia, los hombres y mujeres más poderosos y exigentes del país iban a juzgarla, y un mínimo error podía traer graves consecuencias.

Los días que siguieron, los ensayos antes del debut, fueron angustiosos, hasta dolorosos, para María. El trato con los responsables del teatro era frío y distante, y tampoco la prensa ni la sociedad milanesa la habían acogido con calor. Si ello se debía o no a

52

sus palabras nadie lo sabía con certeza, aunque era fácilmente imaginable. Ghiringhelli, el administrador y principal responsable de la Scala, se había convertido desde el primer momento en su enemigo, al ver que se trataba de una mujer que no podía controlar. Acostumbrado, según se decía, a llevarse a la cama a cuantas chicas del coro se le antojaba, y a tratar a las grandes estrellas como si él fuese el amo del mundo, de pronto había dado con una horma mucho más grande que su propio zapato. En aquel momento, de él dependía de forma importante el futuro de María, y su aversión hacia ella hacía evidente que trataría de hundirla, o al menos de ponerle unas cuantas piedras en el camino

María debutó finalmente, cantó las dos *Aídas* para las que la habían contratado y, pese a haberlo hecho muy bien, no consiguió más que críticas discretas y un respeto educado del público. Ghiringhelli se había ocupado de ello. Pero María sabía que la guerra sólo acababa de empezar. No consideró un fracaso su debut (porque de hecho no lo fue) y marchó hacia Nápoles y Verona, donde cantó cuatro *Aídas* más, con un éxito considerable. En su mente sólo había una idea: volvería a la Scala, pero entonces sería con sus propias condiciones... y pasando por encima de Ghiringhelli.

María estaba a punto de emprender un nuevo viaje a América, esta vez para hacer su primera visita a México. Meneghini no podría acompañarla tampoco en esta ocasión, porque tenía que ocuparse de sus negocios, aunque sin dejar de lado ni por un momento los de su esposa. Así, el 13 de mayo de 1950 María llega a Nueva York, donde de nuevo está esperándola su padre. Su madre, Evangelia, estaba en el hospital, recibiendo tratamiento para una infección ocular, y María fue a visitarla. De hecho, quería que su madre la viera en su nuevo papel de mujer famosa, casada y rica. Fue también a ver a su padrino. Pero la visita a Nueva York era demasiado corta como para que Evangelia pudiera asimilar aquel nuevo estatus, y María, que deseaba disfrutar más del momento, la invitó a ir a México cuando estuviera recuperada.

En México, donde la Callas llegó a primeros de junio, fue tratada como una estrella de primer orden. Cuando su madre, algunos días después, bajó del avión, encontró a su hija esperándola para acompañarla al hotel, donde le había reservado una habitación contigua a la suya. Evangelia fue tratada como una personalidad, agasajada por todos como si ella misma fuera también una famosa estrella. Eso era lo que María quería: «repasarle» a su madre por la cara que había sido capaz de triunfar sin ella, que tenía su propia personalidad y su propia vida.

En México obtuvo el éxito que todos esperaban; hizo Tosca, Aída y Leonora, sus personajes más queridos, pero su cúspide la alcanzó el 2 de mayo en el Palacio de Bellas Artes, donde su Norma se hizo histórica. La crítica se volcó y el público la encumbró como la mejor cantante del mundo. Pero a pesar de los triunfos y buenos augurios, María había emprendido aquel viaje con algunas dudas; su papel en *Il trovatore* le daba cierto miedo, y en esta ocasión no contaba con el apoyo de Serafin, quien se había negado a aconsejarla sobre una producción que él no dirigía. Pero María hizo su personaje de Leonora a su manera, y le salió más fresco, vital y apasionado que nunca, con lo que descubrió que empezaba realmente a ser «autosuficiente»... Ya tenía un criterio propio, que se le antojaba perfectamente válido.

Regresó a Madrid, donde la esperaba su esposo, contenta y agotada, y decidió descansar durante tres meses en su nueva casa de Verona. Allí, tras unos días de descanso y una vida social que no la llenaba en absoluto, empezó a preparar su vuelta al trabajo, el papel protagonista en la ópera cómica de Rossini *Il turco in Italia*, que le habían ofrecido a instancias de un personaje importante que quería trabajar junto a ella: Luchino Visconti.

Visconti, un horizonte diferente

Visconti iba a ser alguien tan influyente en la vida de la Callas como sus principales maestros anteriores; si Elvira de Hidalgo la enseñó a cantar y Tulio Serafin le mostró la perfección en la técnica musical, Luchino Visconti iba a enseñarle ahora la estética de la perfecta interpretación dramática, a moverse en escena, a imprimir alma a cada personaje, o mejor, a convertirse ella misma en cada uno de los personajes que encarnaba. Al gran director italiano le había impresionado María cuando el año anterior la había visto y escuchado por primera vez, y ahora fue él quien impresionó a María. Permanecía junto a ella durante todas las largas horas de ensayo, observando en silencio y memorizando cada detalle para trasladarle luego sus comentarios de una forma suave y calmosa, con «mano izquierda» y con paciencia, no como órdenes sino como consejos, haciendo que la cantante quedase convencida por sí misma de cada uno de los conceptos que Visconti trataba de hacerle ver. María, que a causa de su miopía se movía por la escena prácticamente ciega tras quitarse sus gruesas gafas, se aprendía de memoria los pasos que había de dar sobre el escenario, corriendo siempre el riesgo de tropezar con algo, lo que provocaba cierta indecisión en sus movimientos, pero Visconti consiguió darle tanta seguridad que, pese a que el defecto persistiría toda su vida, apenas se notaba que María prácticamente no veía nada. Y entre ambos, poco a poco, fue naciendo aquellos días una amistad que duraría para siempre.

Aquel curioso papel en una ópera cómica, en el otoño de 1950, fue una sorpresa para los críticos, que vieron a la Callas interpretando algo «demasiado ligero», demasiado simple para ella, pero que también supieron valorar su versatilidad. No iba a volver a trabajar con Visconti hasta 1954, en la Scala, pero desde aquel momento su amistad fue firme.

De nuevo se vio metida en una vorágine agotadora. Tres semanas después de concluir las representaciones de *Il turco in Italia* estaba en Roma haciendo *Parsifal* y preparando el *Don Carlo* de Verdi. El trabajo era tan agotador que acabó enfermando, pues contrajo una ictericia que la retiró momentáneamente y la obligó a guardar un reposo total. Su participación en *Don Carlo*, prevista para Nápoles y Roma, hubo de ser suspendida.

Durante su convalecencia se enteró de que su madre, incapaz de soportar más a su esposo, había decidido volver a Grecia para reencontrarse con su otra hija y su familia de siempre. Entre Evangelia y George apenas había trato alguno, y este último prácticamente vivía con su amante, Alexandra Papajohn. Por ello, Evangelia no quiso soportar más aquella humillación y, sin previo aviso, volvió a su país. Estaba resentida con su marido pero también con María, que no contestaba a sus cartas, quizá porque no quería influir en esa guerra ni dar la razón a su madre frente a su padre. Las últimas cartas que le envió fueron realmente duras, y afectaron a su hija más profundamente de lo que cabría imaginar.

María, en cambio, sí escribió a su padrino, contándole las nuevas peripecias familiares y pidiendo su consejo. Le contaba cómo su madre destilaba resentimiento hacia ella, cómo le echaba en cara una y otra vez todo lo que por ella había hecho, sintiéndose ahora abandonada y despreciada. Una y otra vez le repetía que, sin ella, jamás habría llegado a nada como cantante (cosa que por otra parte, tenía una base cierta, ya que lo que María quería ser, recordémoslo, era dentista, y sólo la insistencia de su madre en que recibiera clases de música y canto hizo que acabara aficionándose a ello); sus cartas estaban llenas de acusaciones, reproches y hasta desprecios. Pero María decidió no contestar. Se sentía más inclinada hacia su padre que hacia su madre.

En enero de 1951, completamente restablecida, María vuelve a las tablas con *La traviata* en el teatro Comunale de Florencia. De nuevo estaba con Serafin, y el tándem volvía a funcionar a la perfección. Tras Florencia fue Nápoles, para cantar *Il trovatore* en el aniversario de la muerte de Verdi. Pero si esta ópera, sin la dirección de Serafin le reportó un enorme éxito en México, esta vez las críticas no fueron buenas, porque estuvo fría, indiferente. Ello le hizo recapacitar, pensar si no estaría dejando demasiada «libertad» a Serafin para manipular su propia personalidad.

De Florencia fue a Palermo, donde iba a cantar *Norma*, y nada más llegar recibió una llamada urgente de su viejo enemigo Ghiringhelli, quien, tragándose su propio orgullo, se veía obligado a recurrir de nuevo a ella para que volviese a la Scala... y de nuevo a sustituir a la Tebaldi, que otra vez estaba enferma, en *Aída*. Esta vez la respuesta fue un «No» tajante y con mayúscula. Con un debut como suplente, María tenía suficiente para toda la vida. Aun sabiendo que Ghiringhelli iba a tomarse cumplida venganza durante todo el tiempo que pudiera, no dudó en responderle con esa rotunda negativa.

Ghiringhelli se rinde

En mayo volvió a Florencia para hacer *I Vespri Siciliani*, una de las óperas menos representadas de Verdi. Su éxito fue tal que a Ghiringhelli, presionado por todas partes, no le quedó ya más remedio que humillarse ante la Callas y presentarse ante ella con un contrato para iniciar la temporada 1951-1952 en la Scala, con aquella misma ópera. Y esta vez no era suplente de nadie. La Scala se había rendido absolutamente ante ella y le ofrecía por fin el debut milanés que María llevaba esperando tantos años. Ya era la máxima estrella, la número uno de la ópera mundial. Un fabuloso contrato de 30 representaciones durante la primera temporada y 300.000 liras por cada una (algo así como lo que hoy serían 30.000 dólares diarios) era la propuesta, que, naturalmente, fue aceptada.

Tras acabar sus actuaciones en Florencia, le llovían ofertas de todas partes. Con el contrato de la Scala firmado, ahora era el Covent Garden, otra de sus metas, el que prácticamente le suplicaba que aceptase ir a Londres a cantarles su *Norma*. Un famoso agente, Sander Gorlinsky, fue a Verona para cerrar el trato, pero se encontró con la oposición de Meneghini, que en los últimos tiempos se había crecido hasta el punto de convertirse en una especie de filtro entre María y los demás. El bueno de Titta, con la ignorante aquiescencia de su esposa y ante la general indignación, se había erigido en amo y señor de la carrera y la vida de María Callas. Lo que Evangelia no llegó a conseguir lo había logrado él. Se permitía rechazar excelentes ofertas, doblaba el caché para propuestas que ya de por sí eran muy generosas y de su capricho dependía que María hiciese una cosa u otra. Y ella, en la nube de su creciente gloria, le daba carta blanca y no parecía enterarse de lo perjudicial que su querido esposo podía llegar a ser para su carrera en ocasiones.

Sólo la casualidad permitió que María pudiera aceptar la oferta del Covent Garden. En la siguiente visita que el representante británico realizó a su casa se dio la favorable circunstancia de que Meneghini había salido y Gorlinsky encontró a María sola. Ésta no sabía nada de la anterior visita, pues Meneghini ni siquiera se la había comentado, pero aceptó encantada la oferta y firmó un contrato por 250 libras por noche, una cantidad parecida a la que iba a percibir en la Scala. Y poco después, ahora acompañada por su marido, volvió a salir rumbo a México, donde se había convertido en un mito. Allí cantó *Aída* y *La traviata*, con un éxito difícil de narrar.

En México pasó quince días con su marido y su padre, que acudió allí a verla; recibió toda clase de honores, regalos, premios y distinciones. George y Meneghini, que al fin y al cabo eran de la misma quinta, se llevaban muy bien, y el mundo en general se presentaba para ella de color de rosa. Estaba viviendo la mejor etapa de su vida, al menos hasta entonces, pero acabó agotada. Su siguiente escala americana era Sao Paulo, pero cuando llegó a Brasil estaba destrozada. Con los nervios de punta, las piernas hinchadas —un problema este que le surgiría en el futuro siempre que sus nervios o su estado físico no estuvieran en buena forma— y un insomnio recalcitrante, la ansiedad se apoderó de ella. Se sintió agotada y tuvo que cancelar todas las representaciones programadas de *Aída*, limitándose a hacer una *Traviata* alternando con la Tebaldi. Y aquellas suspensiones le valieron las primeras enemistades entre los críticos americanos, muchos de los cuales creían que se trataba sólo de un capricho o de un ataque de celos porque su rival estaba también allí.

De Sao Paulo fue a Río, donde también estaba Renata Tebaldi desde una semana antes. Había obtenido un gran triunfo, como también lo obtuvo María, pero entre los periodistas había aparecido un nuevo juego: sembrar la discordia entre la Callas y la Tebaldi, crear una especie de competición tanto profesional como personal entre ambas. Y se empezaron a publicar ingentes cantidades de noticias dudosas, comentarios oscuros o afirmaciones sencillamente falsas, en las que la una a la otra se ponían mutuamente cual hoja de perejil. Ambas cayeron en la «trampa», y lo que al principio era una simple rivalidad profesional acabó convirtiéndose en una creciente inquina mutua. Situación cada vez más tensa que estalló finalmente en el Teatro Municipal de Río el 14 de septiembre, durante un festival benéfico en el que las dos participaban. Entre bastidores se insultaron y se gritaron, y ahí nació definitivamente un resentimiento que iba a durar mucho tiempo.

Si en Sao Paulo las cosas no habían ido bien, en Río fueron aún peor. El director del teatro le comunicó que su contrato había sido cancelado ante la mala acogida que la *Tosca* que había cantado en su debut tuvo entre el público. María supo contenerse, escuchó las explicaciones del director y, cuando éste terminó, le advirtió de las consecuencias que esa ruptura de contrato podía acarrearle, porque no iba a quedarse quieta. Como estaba contratada para cantar dos *Toscas* y dos *Traviatas*, exigió el pago de la segunda *Tosca* y exigió igualmente cantar las dos *Traviatas*. El director tuvo que aceptar. Pero, para mayor burla del destino, resultó que quien la sustituyó en *Tosca* no fue otra que Renata Tebaldi, y eso acabó de sacarla de quicio. Como sus dos *Traviatas* consiguieron un éxito enorme, María se autoconvenció de que el director del teatro, Barreto Pinto, la había sustituido simplemente para favorecer a su rival y no por esa pintoresca excusa de que su primera *Aída* había recibido una mala acogida. Se presentó como una furia en su despacho y éste la recibió de la manera más inoportuna que se le ocurrió, preguntándole si además de dinero, también quería la gloria... y recibiendo por toda respuesta en su cara el tintero que tenía sobre la mesa (hay versiones según las cuales María no llegó a lanzárselo, pero al parecer sí lo hizo, según varios testigos). Así que aquella gira americana acabó, podría decirse, «como el rosario de la aurora», con el público dividido y con una sonora campaña de prensa, también dividida, entre quienes la admiraban y quienes empezaban a formar parte de su pequeña legión particular de detractores.

IV.   LA SCALA DE MILÁN

Ya de vuelta en Italia, los Meneghini trasladaron temporalmente su residencia a Milán, donde María iba a pasar su larga temporada de la Scala. El 2 de diciembre de 1951, celebró su vigésimo octavo cumpleaños en su nueva residencia, el Grand Hotel; el debut estaba previsto para cinco días más tarde, y todo estaba preparado para una grandiosa apertura de temporada con aquellas *Vísperas sicilianas* que tan enorme triunfo habían supuesto en Florencia. La producción, ahora, era mucho más lujosa, y no se había reparado en gastos para conseguir una inauguración memorable. Desde 1908 esa ópera no se había vuelto a representar en Milán, por lo que era una auténtica novedad para todo el mundo. Pero si todos estaban poniendo el máximo interés en conseguir algo grande, quien más interés y trabajo derrochaba era María. Todo el elenco, así como el director artístico del teatro, Víctor de Sábata, estaba asombrado del portentoso alarde de cualidades que la Callas demostraba en cada ensayo. Su voz parecía mágica, doblaba en potencia y ductilidad a la de cualquiera y no se apreciaba en ella el más mínimo signo de agotamiento tras varias horas de trabajo febril. María parecía el ser viviente más seguro de sí mismo, pero la realidad era que, ante lo que se le venía encima, estaba tan nerviosa y agobiada como cualquiera.

Por fin llegó el estreno. Y ante un público difícil y expectante, María consiguió lo que se había propuesto: ponerlo en pie aplaudiendo frenéticamente. La crítica, esta vez, no tuvo que plegarse a las indicaciones de Meneghini y dijo lo que tenía que decir. La garganta de María Callas fue calificada de «milagrosa», y su técnica, de algo más que excepcional, algo simplemente único.

El «trago» de la Scala pasó por fin, y de la manera más brillante. Tras un intervalo en Florencia, donde volvió al Comunale para obtener otro éxito memorable con *I Puritani*, retornó de nuevo a la Scala para cantar, en los primeros días de 1952, *Norma*. Un montaje que se hizo con un viejo decorado y una antigua producción, pero fue la Callas la que acaparó toda la atención. Y las siguientes semanas se cubrieron con gira italiana sin un momento de descanso. Mientras tanto, preparaba su tercera visita a México.

Cuando en mayo estaba otra vez en tierras aztecas, había incorporado dos nuevos personajes a su repertorio. La Gilda de *Rigoletto*, de su amado Verdi, y la Lucía de *Lucía di Lammermoor*, de Donizetti, dos personajes italianos que echaba de menos en su repertorio personal. En esta ocasión había viajado en compañía del gran Giuseppe Di Stefano, que haría con ella esa temporada mexicana. Y el día 29 ambos debutaron con *I Puritani*. Fue un debut patético, caótico, en el que sólo las dos grandes estrellas, María y Di Stefano, estuvieron a la altura. Todo lo demás fue catastrófico aquella malhadada noche en la Ópera Nacional. Pero, por fortuna, fue algo accidental. La gira prosiguió con un éxito enorme con *Lucía di Lammermoor*, en la que tuvo que salir a saludar dieciséis veces y recibió una ovación de veinte minutos; luego con *Rigoletto*, un nuevo periodo de agotamiento estuvo a punto de dar al traste con sus nervios, pero lo superó, aunque no volvió jamás a cantar esa ópera salvo para una grabación. Acabó la gira tras un par de óperas más y volvió a Verona, tan cansada como durante su anterior paseo por Sudamérica.

Cuando llegó a casa se encontró con una carta de su madre desde Grecia pidiéndole un restablecimiento de relaciones. Estaba en trámites de divorcio y andaba a la espera de que George le pasara una pensión semanal que debería especificar un juez. Aunque su familia cubría parte de sus necesidades, y el eterno novio de Jackie, Milton, también estaba ahí para casos de apuro, y les echaba una mano cuando hacía falta, una manera de disimular sus remordimientos por haber accedido a los deseos de su familia y no haberse casado con Jackie —toda su familia se había cerrado en banda, oponiéndose férreamente a esa boda con una joven de un nivel social que consideraban tan inferior al suyo—.

Evangelia, que era hábil con las manos, se había montado un pequeño negocio: fabricaba muñecas «operísticas», que representaban a las protagonistas de las óperas que su hija cantaba, y que vendía a los amigos y conocidos. Seguía ocupándose de que Jackie no abandonara sus lecciones de canto y danza, aun cuando sólo muy de tarde en tarde le salía algún pequeño recital.

A Evangelia le parecía «injusto» que, mientras ella y Jackie vivían con cierta estrechez, María nadase en un océano de dinero y se codease con la alta sociedad de allá donde le apeteciera. Aunque le escribía con periodicidad, María nunca contestaba a sus cartas, y eso la tenía fuera de sí. Así que decidió exigirle a su hija, de una forma tan cruda e indelicada como en ella era costumbre, que les pasase a ella y a Jackie una asignación semanal para atender a sus gastos, como consideraba que era su obligación. Además, le exigió también que hiciese lo posible por ayudar a su hermana en su carrera.

La inoportunidad de Evangelia con esta carta no pudo ser mayor; cuando María la leyó a su regreso de México, de donde llegaba en un estado de ánimo lamentable y de un humor terrible, su reacción fue furibunda. El resentimiento contra su madre aumentó repentinamente hasta hacer que la viera como a una auténtica enemiga, una carga que había tenido que soportar toda su vida, la causante de todos sus complejos y miedos. Así que su respuesta estuvo muy lejos de ser la que Evangelia hubiera deseado. Le contestó que la carrera de su hermana no le importaba en absoluto y que ella, Evangelia, era lo suficientemente joven y saludable como para buscarse un trabajo y mantenerse a sí misma.

Walter Legge y la EMI

En julio de aquel año de 1952 María volvió a la Arena de Verona para hacer una vez más su *Gioconda*, con la que había triunfado en aquel mismo escenario cinco años antes. Esta vez el triunfo fue cinco veces mayor. Y dos días después del debut firmó en su casa un importante contrato de grabación con la EMI, contrato al que Meneghini venía dando largas desde hacía un año tratando de sacarle a la compañía discográfica hasta el último céntimo que fuera posible —de hecho, ésa era la forma de actuar de Titta desde hacía ya bastante tiempo—. Su anterior contrato discográfico con la compañía Cetra estaba a punto de vencer y la multinacional americana EMI la perseguía con auténtico furor, cubriéndola de regalos, flores y bombones, pero sin conseguir que el matrimonio firmase. Por fin Walter Legge, director general de la compañía, se había salido con la suya, después de haberse tragado su dignidad y varios sapos al tener prácticamente que «arrastrarse» ante Meneghini y sus cada día más leoninas exigencias. Pero lo había hecho no sólo por el interés de su propia compañía, sino porque era un ferviente admirador de la Callas, además de un perfeccionista en el campo de la música, que iba a influir notablemente, y de una forma muy beneficiosa, en cuantas grabaciones realizó la Callas en lo sucesivo. Legge estaba casado con la gran soprano alemana Elisabeth Schwarzkopf, y sus años de matrimonio le habían permitido llegar a ser, además de director de la compañía, uno de los mejores productores musicales del mundo. Las grabaciones que él y María realizarían juntos durante más de una década serían perfectas.

Concluida su relación con Cetra, María y su marido-sombra se fueron a Londres para el debut en el Covent Garden con *Norma*. Inglaterra la recibió como a la reina de la ópera, y su habitación del Savoy más parecía una floristería que una *suite* de hotel. Antes de cantar ya había triunfado, ya se había metido en el bolsillo al público, bien aleccionado por una prensa entusiasta que llevaba mucho tiempo esperando ver y oír a la gran María Callas.

El debut fue el 8 de noviembre; hacía treinta años que *Norma* no se representaba en el Covent, por lo que para muchos era toda una novedad. Y la forma en que María hizo su papel, el triunfo absoluto que consiguió hizo que en Londres se produjera una especie de «renacimiento» entusiasta de la ópera, una revitalización que hacía tiempo que venía echando de menos un público que tenía escasas oportunidades de disfrutar de ocasiones como aquélla. Y Londres la encumbró como la nueva reina universal de la ópera, la superestrella ante la cual no cabía discusión. Pero sucedió algo que llegó a lo más profundo del corazón de la cantante:

ciertos comentarios de la crítica, que la ensalzaba hasta la saciedad, fueron sin embargo decisivos para su futuro: la pregunta que algunos se hacían era ésta: ¿tiene que ser tan «grande» una cantante de ópera?... Se referían, naturalmente, al notable volumen de María, que ya había sufrido en Italia en ocasiones anteriores grandes disgustos cuando se hablaba de su gordura, como la vez en que un crítico italiano comentó, hablando de una representación de *Aída*, que le resultaba imposible distinguir entre las patas de los elefantes del escenario y las piernas de María. Entonces, aquel jocoso comentario le había dolido y estuvo llorando unos cuantos días, pero luego lo fue olvidando. Pero en esta ocasión, el «suave» comentario de los británicos le llegó al alma y le amargó el enorme éxito obtenido.

El cambio de imagen

Aquel comentario fue decisivo. María empezó a sentirse mal, incómoda; empezó a pensar que sus fuertes jaquecas, sus cada día más frecuentes estados de agotamiento, sus mareos y desmayos se debían a su exceso de peso. Así que tomó la irrevocable decisión de cambiar su voluminosa figura por otra más acorde con su fama y su propio ego. Se iniciaba en ese momento una transformación asombrosa.

Sólo Meneghini conoció esa decisión, que María no le comentó a nadie más. Ello sirvió para que años más tarde el propio Meneghini, en el libro que escribió sobre su mujer, se adjudicara el mérito de haber sido el artífice del enorme cambio que ésta experimentó. En realidad, él se limitó a seguir las instrucciones que le daba su esposa.

Tras el triunfo en Londres, María volvió a Milán para su debut en la Scala el 7 de diciembre. Se trataba de una noche muy especial, ya que *Macbeth* iba a ser la primera ópera televisada de la historia. Y la Lady Machbeth que María interpretó fue, dijeron los milaneses, la mejor que nunca se había visto. Pero tras las dos representaciones que se dieron, María nunca volvió a cantar esta ópera verdiana. Aunque había comprendido el personaje, se había metido de lleno en el alma de la malvada Lady Macbeth y la había dotado de la voz «oscura» y el aura vengativa que Verdi quería, por alguna razón a María no le caía bien ese personaje y renunció a volver a encarnarlo en el futuro.

Pocos días después, en Navidad, volvió a la Scala, pero en esta ocasión con *La Gioconda*, dirigida por Antonio Votto, quien había trabajado con María en la grabación para Cetra de esta misma ópera. Y aquel disco, aquella *Gioconda* de Callas-Votto, estaba triunfando en Norteamérica. María era ya sobradamente famosa en los Estados Unidos, pero aún ninguno de los grandes teatros de aquel país había solicitado su presencia. Eso la tenía en ascuas, ya que sólo le faltaba la Metropolitan Opera House para cumplir su sueño de triunfar en las tres grandes «mecas» operísticas. La Scala y el Covent ya estaban ganados, pero faltaba la Metropolitan, y María se había propuesto poner fin a esa situación, como se había propuesto igualmente que, cuando los norteamericanos la vieran, se encontraran con una mujer mucho más delgada de lo que las fotos les habían hecho creer.

El 15 de enero de 1953, estaba de nuevo en Florencia haciendo *Lucía de Lammermoor*, junto con Giacomo Lauri Volpi, quien en aquel momento diría de ella que «esta joven cantante puede llevar al teatro lírico a una nueva Edad de Oro». Tras cuatro representaciones, se encerró en los estudios de la EMI para grabar esa ópera junto al gran Giuseppe Di Stefano y Tito Gobbi, bajo la dirección de Tulio Serafin. Y fueron algunos pasajes de aquel disco los que, gracias a la insistencia de Walter Legge, convencieron a un hasta entonces reticente Herbert von Karajan para que dirigiese *Lucía* en la Scala.

Entre tanto, María tenía que ir a Catania y Roma para hacer de nuevo *Lucía*, pero surgió una ocasión que no quiso rechazar: representar por primera vez la *Medea* de Cherubini, en Florencia. Y entre sus dos *Lucías,* se vio de pronto ensayando su primera Medea. una ópera olvidada desde hacía 150 años que le ofrecía la posibilidad de demostrar que ya era, además de cantante, una espléndida actriz dramática.

La noche de su debut como Medea, en el Comunale de Florencia, fue toda una experiencia inolvidable para quienes la presenciaron.

María, por primera vez, se había volcado en poner tanto dramatismo a su expresión corporal como a su propia voz. Se estaba produciendo en ella un nuevo cambio; una vez convertida en la cantante más poderosa y con mejor técnica, quería ahora ser la que mejor imprimiese a sus personajes toda la fuerza vital precisa en cada ocasión. Y entre tanto, seguía adelgazando.

La Metropolitan y Meneghini, «el administrador»

Entre el público, aquella gran noche de Florencia, se encontraba Rudolf Bing, gerente general de la Metropolitan Opera House de Nueva York. Tras la representación, se presentó en el camerino para felicitar a María y decirle que Norteamérica estaba ansiando oírla, y que cuando lo desease, las puertas de la Metropolitan estaban abiertas para ella. Pero una vez más hizo su aparición el mezquino Meneghini, que de nuevo se dispuso a tratar de exprimir la oferta hasta la última gota. Por entonces, al marido de la Callas un gran sector del mundo de ópera le tenía por «un mezquino palurdo endiosado», un «ricacho» de provincias que había tenido la suerte de adosarse a un gran figura y que justificaba su existencia haciéndose el administrador imprescindible, erigido en protector de su mujer y sumo sacerdote de cuanto acaecía en su vida. No contaba con las simpatías de nadie, exceptuando su esposa, pero eso le daba igual. Él no analizaba si a María le interesaría o no para su carrera aceptar una oferta u otra, cantar en determinado sitio o no hacerlo. A él sólo le interesaba el dinero, y cuanto más, mejor. Sólo cuando años más tarde María se enteró de que Meneghini, con la peregrina excusa de protegerla de estafadores y pedigüeños había puesto a su nombre todo cuando ella poseía y todo el dinero que había ganado, se dio cuenta de la mezquindad de su ya anciano esposo.

El hecho fue que aquel debut en la Metropolitan que María soñaba desde hacía tanto tiempo no fue posible a causa de Meneghini. Impuso a Bing unas condiciones leoninas, fuera de toda lógica, que sabía que el norteamericano no podría satisfacer; su juego, como siempre, era esperar, seguir hinchando el globo hasta que el empresario tuviera que ceder. Tenía que pagar lo que Meneghini exigiera, o María no cantaría en Nueva York. Tras días de discusiones y negociaciones sin fin, Bing se cansó y mandó a paseo al avaricioso Titta; éste contó a su mujer una versión sesgada de lo ocurrido y consiguió enfurecerla contra el empresario americano. Y, muy digno, declaró ante la prensa que María Callas no cantaría en la Metropolitan mientras Bing fuese su responsable. Cosa que, como veremos, estaba muy lejos de lo que en realidad ocurriría luego.

Volvieron a Londres, donde el Covent la esperaba de nuevo para escucharla en *Norma*, *Il Trovatore* y *Aída*. Fue un nuevo triunfo, pero María estaba irritable y se mostraba insatisfecha con todo. Se estaba alimentando exclusivamente de ensaladas verdes y carne cruda, mientras seguía con su agotador ritmo de trabajo y sus ensayos interminables, nunca de menos de ocho horas diarias. Con tal régimen y semejante ritmo de vida, no era sencillo estar, además, de buen humor.

Y de nuevo a Italia, para pasar el verano entre varias actuaciones en Verona y varias sesiones de grabación en Milán. Con Serafin como director y siempre con Walter Legge como productor, grabó *Cavalleria Rusticana*, y después, con Víctor de Sábata en la dirección de la orquesta, grabó *Tosca*; este segundo disco, que se registró durante cuatro días en la Scala con Tito Gobbi como *partenaire,* se convertiría para muchos en la mejor grabación de María en toda su carrera.

Madame Biki

Y un nuevo personaje influyente en la historia de María Callas entra en escena. Es Madame Biki, nieta de Puccini y una de las primeras diseñadoras de ropa de Milán. La conoce durante una cena en casa de Wally Toscanini, hija del gran maestro, que no quería trabajar con la Callas porque dedicaba toda su atención a su gran rival, Renata Tebaldi, desde muchos años atrás. Wally se había convertido en una de las mejores amigas de María, y fue ella quien le presentó a Biki. Ésta decidió encargarse desde entonces del guardarropa de María, de su forma de vestir, de mejorar su clase. Ella, entre tanto, seguía adelgazando por días, aunque aún sin llegar todavía a alcanzar los resultados que se había propuesto.

La temporada 1953-1954 en la Scala se abría con *La Wally* —ópera de la que Toscanini había sacado el nombre de su hija—, y como el año anterior había sido la Callas quien inauguró la temporada, Ghiringhelli decidió que en esa ocasión fuera Renata Tebaldi la que abriera el ciclo, para mantener ese difícil equilibrio entre las dos que le resultaba imprescindible, pues imprescindibles eran ambas para su teatro. A María le molestó, pero lo aceptó, y acudió al estreno a aplaudir ruidosamente a su rival. Pero cuando le tocó a María debutar, la Tebaldi no le devolvió la cortesía y no fue al estreno. Y es que, para entonces, las diferencias entre ambas ya estaban marcadas; la Callas era muy superior a la Tebaldi, sus cualidades aumentaban día a día mientras las de Renata se habían estancado. Ésta lo sabía, y su sentimiento de envidia se iba convirtiendo en rencor. Durante aquel comienzo de temporada y fin de año del 53, Tebaldi cantó cuatro óperas en la Scala y María hizo *Lucía*, *Don Carlo*, *Alceste* y *Medea*. Con esta última, obtuvo el más arrollador éxito de aquel ciclo, quedando muy por encima de su eterna rival, tanto ante el público como ante la crítica. Una vez más, había ganado su particular batalla.

Con *Medea* inició el año de 1954 en un pletórico estado de ánimo. Su enorme triunfo con la ópera que cerraba el ciclo y el hecho de que seguía adelgazado y mejorando a ojos vistas, con Biki cambiando poco a poco su imagen y convirtiéndola en una mujer cada día más elegante, y con la prensa de toda Europa a sus pies, hacía que sintiera crecer su seguridad en sí misma, su autoestima y su tranquilidad de espíritu. El 18 de enero, otro enorme éxito en la Scala con su *Lucía de Lammermoor* daba comienzo a un año que iba a ser muy bueno, tanto en su carrera como en su vida personal. Cuando días después cantó *Don Carlo*, María había adelgazado ya nada menos que veintiocho kilos. Un solo año, 1953, le había bastado para conseguirlo. Ahora se movía con mucho más garbo, «actuaba», no se fatigaba y sus jaquecas e insomnios habían desaparecido. Ahora ya podía ser levantada sobre las cabezas de tres porteadores y ser llevada al templo al terminar el segundo acto de *Alceste*, cosa impensable un año antes.

La primavera y el verano de aquel año los dedicó casi en exclusiva a grabar discos; mientras seguía cantando *Don Carlo* en la Scala, comenzó la grabación de *Norma* en el Cinema Metropol de Milán. Ahora era ella quien escogía a los directores de las orquestas y el elenco de cantantes que había de acompañarla en cada disco, y pensó que era un buen momento para mostrar su agradecimiento a quienes la habían ayudado en su carrera. Por eso, escogió a Nicola Rossi-Lemeni para el papel de Oroveso, y a Tulio Serafin como director de la mayoría de las óperas que en adelante iba a grabar.

La difusión de sus discos iba a suponer otro espaldarazo para su fama universal. Los discos de 33 r.p.m., hasta hacía poco al alcance sólo de unos cuantos, se convertían a vertiginosa velocidad en un artículo de consumo básico que llegaba ya hasta el último rincón de la Tierra, con lo que María Callas, su voz y su genio, también. Desde Estados Unidos se solicitaba ya a gritos su presencia, y los responsables de los grandes teatros de ópera del país llegaban a ser insultados y vilipendiados por los aficionados y la crítica por no haberse ocupado aún seriamente de llevar a la Callas a sus escenarios. Los discos que Walter Legge había grabado para su compañía, la EMI, en la Scala, se vendían en grandes cantidades, tanto en América como en ochenta países más, y el tándem que el hábil productor había encontrado, formado por María, Di Stefano y Gobbi, con Serafin como director, era algo parecido para los amantes de la ópera a lo que años más tarde los serían Los Beatles para las nuevas generaciones.

Así que, durante el año1954, las grabaciones primaron sobre las actuaciones, o mejor, las segundas quedaron supeditadas a las primeras. Si EMI quería grabar una ópera, la ópera se montaba en algún lugar con el principal objetivo de ser grabada. Así, *La forza del destino* se montó en Rávena para ser grabada, como *Mefistófeles* se representó con el mismo fin en Boito. Los discos eran grandes éxitos uno tras otro, especialmente en los Estados Unidos, y estaba claro que había llegado el momento de viajar allí.

Pero no iba a ser la Metropolitan el primer teatro que tuviese el honor de ver a María Callas en Norteamérica; el teatro neoyorquino tenía un límite de 1.000 dólares por noche para cualquier artista, pero había dos jóvenes y entusiastas empresarios empeñados en revivir la Ópera de Chicago, dispuestos a pagar lo que María pidiese y a montar la producción que ella dijera. Y aceptaron todo lo que les pidieron: el repertorio, que constaría de las producciones de *Norma*, *Lucía de Lammermoor* y *La traviata*, el elenco, en el cual se incluían Di Stefano, Rossi-Lemeni y Gobi, y un altísimo caché, 12.000 dólares por seis representaciones, es decir, el doble que lo que ofrecía la Metropolitan. Además, accedieron a pagar los gastos y los viajes de María y su inseparable Titta.

Al fin, Norteamérica

El anuncio del debut de María Callas en el Chicago Lyric supuso una noticia de alcance nacional, y todo el país estaba impaciente por verla cuando llegó a la ciudad a finales de octubre de aquel venturoso 1954. La «nueva» Callas, delgada y elegante, diva máxima de la ópera mundial, llegaba a los Estados Unidos convertida en una leyenda que la prensa, la radio y la televisión se encargaban de alimentar y agigantar cada día.

Los periodistas norteamericanos indagaron a fondo en el pasado de María; su biografía empezó a publicarse de todas las formas habidas y por haber en periódicos, revistas, álbumes fotográficos novelados... y, por supuesto, localizaron a su padre, un tal George Kalogeropoulos, Callas desde hacía mucho, que pasó de la noche a la mañana de ser un perfecto desconocido a un personaje popular al que le pedían entrevistas de todas partes y que, gracias a la llegada de su hija, como él mismo contó luego, pudo conocer por dentro cómo era un periódico, una radio o una emisora de televisión. Sólo tenía un pequeño resquemor: cada vez que le preguntaban si le gustaba la ópera, tenía que contestar... que sí, naturalmente. Contestar la verdad hubiera parecido casi una blasfemia.

George, naturalmente, estaba en el aeropuerto, entre una nube de reporteros, cuando María y Meneghini bajaron del avión en Chicago. George Callas había sido llevado allí por invitación de varios periódicos, que lo tenían a cuerpo de rey en un hotel de lujo desde días antes, exprimiendo todo lo posible la historia de la familia. La reunión entre ambos fue el motivo de cientos de fotos que aparecerían al día siguiente por toda América.

El debut fue, como estaba previsto, con *Norma*, y el éxito, como también estaba previsto, estruendoso. En su última representación en aquel histórico ciclo de Chicago, hubo de salir a saludar nada menos que veintidós veces. La Chicago Lyric apareció en la prensa de todo el mundo a las pocas horas, adquiriendo un prestigio internacional que antes no tenía, y el plan de relanzamiento de los dos jóvenes empresarios, pese a su alto coste, había salido perfecto. La ópera, gracias a María Callas, «resucitó» en Chicago y casi se puso de moda en Estados Unidos, tal fue el bombardeo al que los medios de comunicación sometieron al país. La Callas que América había reencontrado fue ensalzada como una mujer guapa, elegante, esbelta, y sobre todo, genial. Nada como una buena campaña de prensa para fabricar un mito. Y para muchos millones de norteamericanos que apenas habían oído jamás hablar de María Callas, ésta pasó a ser un mito total, la mujer señalada como la mejor cantante del mundo, intocable e indiscutible. Nunca podría haberle salido mejor a María su retorno, con lo que en este momento cabría preguntarse si aquel primer «no» de Meneghini a la Metropolitan fue algo inteligente por su parte... pero habría que responderse que no, porque si los empresarios de Chicago no hubieran tragado con sus leoninas condiciones, María tampoco habría venido en esta ocasión. Así que, en justicia, Meneghini no tuvo en este caso mérito alguno. Sólo suerte.

Una nueva etapa se abría ahora en la vida de María Callas. El mundo entero ya era suyo, y ahora tocaba, simplemente, superarse. Había conseguido cuanto se había propuesto: llegar a ser la mejor cantante del planeta; llegar a ser una gran actriz, capaz de dar vida creíble a sus personajes; llegar a tener su propia personalidad, sin depender de su madre ni de nadie —en esto le quedaba una laguna llamada Titta—; llegar a ser una mujer, además de respetada y respetable, atractiva y elegante, no una gorda con gafas gruesas que simplemente sabía cantar. Había conseguido no sólo que los demás la respetasen, incluso la adorasen, sino lo que era más importante: respetarse a sí misma, considerarse alguien valioso. Y sin embargo aún tenía dudas, aún existían inseguridades y miedos. Como alguien le había dicho siendo niña, no recordaba quién, «nunca se alcanza la perfección...».

Pero escondidas entre el esplendor del brillo, la alegría y la celebridad, empezaban a formarse unas nubes negras que pronto se convertirían en una terrible tormenta, originando algunos de los momentos más amargos de la carrera de María. Aquellas nubes tenían el rostro de un viejo y antaño querido amigo y consejero: Eddie Bagarozy.

V.   EN EL FILO DE LA NAVAJA

Sorprendentemente, parecía como si nadie hubiera recordado o nadie hubiera tenido en cuenta durante años algo tan elemental y peligroso como que María tenía un contrato firmado en los Estados Unidos con su primer representante exclusivo, un amigo que la había ayudado a lanzar su carrera, que se arruinó intentado resucitar un teatro de ópera para que ella fuera la estrella, que le presentó a cientos de personas y que la tuvo en su casa tratándola como a una hija, trato y cariño que también le brindó su esposa. Se dice, o hay quienes dijeron, que uno de los peores gestos en la vida de María, que se había mostrado agradecida con quienes la ayudaron en momentos difíciles —como hizo al elegir a grandes amigos para compartir sus grabaciones cuando ya era una estrella— fue el haber olvidado por completo tanto a Bagarozy como el contrato que la unía a él. Es muy posible que primero su madre, y luego, sin duda, Meneghini, borraran de su cabeza aquel elemental «recuerdo», asegurándole que no tenía importancia, que no iba a pasar nada y que no tenía por qué darle nada al norteamericano. Y como María estaba a lo suyo y no se preocupaba de los asuntos financieros, hasta ese momento no había prestado demasiada atención al tema. Aquel contrato firmado en 1947 por el que Eddie Bagarozy se convertía en su representante exclusivo, con derecho a cobrar el diez por ciento de todo el dinero que María ingresase, era perfectamente legal y estaba en vigor. Durante todos esos años, el abogado había estado callado, no había exigido sus derechos, pero la llegada de María a Estados Unidos y el enorme revuelo que produjo le impulsaron a poner las cosas en su sitio. Aunque también era cierto que aquel contrato obligaba a Bagarozy a hacer todo lo posible para ayudarla en su carrera, conseguirle contratos y llevar el control de sus actuaciones, cosa que el abogado había renunciado a hacer. La cosa se mostraba oscura, y se avecinaba una dura batalla legal, una lucha que iba a amargar a María Callas durante años. De momento, al abogado reclamaba 300.000 dólares, y más le hubiera valido a los Meneghini llegar a un acuerdo que lanzarse al proceso que siguió. Rossi Lemeni había firmado con Bagarozy un contrato igual al de María, pero llegó a un acuerdo para cancelarlo, ya que a éste tampoco le interesaba en absoluto mantener el trato. Mientras Rossi-Lemeni se vio libre del compromiso, María, mal aconsejada por su avariento cónyuge, rechazó cualquier arreglo. Declaró que aquel contrato había sido firmado bajo coacción y alegó que desde entonces Bagarozy no había hecho nada por su carrera, lo cual también era cierto, aunque si no lo había hecho fue porque no se lo permitieron. La guerra había empezado, y durante tres años iba a suponer un calvario de juicios, apelaciones, declaraciones y peleas, que además le supusieron una enorme cantidad de dinero en abogados. Más le habría valido cerrar el tema por 300.000 dólares, que era lo que Bagarozy exigía, pero de nuevo Meneghini había manipulado el asunto a su antojo.

Reencuentro con Visconti

A fines de 1954 María era una mujer nueva. Delgada, mucho más elegante, pues madame Biki había conseguido cambiar su estilo y enseñarla a vestirse, moverse y mostrar en público la mejor cara de su personalidad. Era una mujer segura de sí misma, pero ello no la había vuelto autocomplaciente en lo relativo a su trabajo.

Su reencuentro con Luchino Visconti se produjo con *La Vestale*, de Spontini. María exigió que la dirección corriera a cargo de Visconti, ya que le parecía que sólo él podría dotar a esa ópera de cierta personalidad, pues la consideraba algo de poca enjundia y que le ofrecía escasas posibilidades de lucimiento, ahora que intentaba dar mucho más de sí sobre las tablas. Ya no quería sólo cantar, sino también actuar, mostrarse como la gran actriz dramática que había conseguido llegar a ser. Aunque en la Scala, en

María Callas interpretó la película Medea.

principio, no hizo la menor gracia aquella petición, pues casi todos estaban en contra del director por su homosexualidad y sus tendencias izquierdistas, María consiguió imponerlo, y Visconti aceptó. María le consideraba un genio, el único en aquel momento capaz de mostrar al mundo cuanto ella tenía de actriz. Y Visconti no la defraudó, creando para ella una producción grandiosa, espectacular, cinematográfica, algo muy superior a las escenografías que normalmente se veían en la Scala. Y entonces, María comenzó a obsesionarse con Luchino. Aun sabiendo que era homosexual, se «enamoró» de la fuerte personalidad del director, le perseguía por todas partes hasta convertirse en algo molesto, se mostraba «celosa» si él no aparecía en algún ensayo o alguna fiesta. Una situación extraña que se volvió incómoda para todos, incluido el propio Visconti. Meneghini, entre tanto, por su propio interés, callaba como un muerto. Visconti relataría años más tarde que María había empezado a enamorarse de él aun sabiendo que no iba a haber correspondencia; llegó a hacer el ridículo en público en algunos restaurantes y fiestas por sus extraños y obsesivos celos, pero era algo que nadie podía evitar.

Pero el resultado que aquellas extrañas semanas de música, celos y tensiones, fue que el estreno de *La Vestale* quedó como un hito en el mundo de la ópera. La escenografía creada por el gran director, además de dejar impresionados a todos, mostró por primera vez a María haciendo de su personaje algo totalmente creíble, y el éxito fue apoteósico.

El año 1955 iba a iniciarlo María en la Scala con *Il Trovatore*, cantando junto a Mario del Mónaco. Pero cinco días antes del estreno, Del Mónaco, por entonces uno de los tenores más famosos e influyentes del universo operístico, convenció a Ghiringhelli de que variara el cartel y sustituyera la ópera prevista por *Andrea Chenier*, de Giordano, con la que poco antes había conseguido un gran triunfo en la Metropolitan neoyorquina. Para ello, lógicamente, había que contar con la aprobación de María, que nunca había cantado esta ópera, pero para general sorpresa ella aceptó, aunque tenía que aprenderse el papel en sólo cinco días. Nunca debió hacerlo, porque el cansancio acumulado de los meses anteriores y los nervios de los ensayos contra reloj de su nuevo papel de Magdalena de Coigny, tuvieron como resultado un fallo en la noche del estreno. Rara vez a María le ocurría esto, pero el hecho fue que se le escapó un «si» agudo que terminó en titubeo. Sus enemigos, que desde tanto tiempo atrás esperaban algo así, organizaron una sonora pitada con pataleta incluida, consiguiendo ahogar momentáneamente los aplausos, aunque al caer el telón el debut fue un éxito. Pero a María se le había clavado una dolorosa espina, era la primera vez que algo así le ocurría. Un periodista le preguntó si creía que esos alborotadores eran los partidarios de la Tebaldi, y María se explayó con una respuesta que convirtió la rivalidad entre las dos en una guerra abierta y furibunda: dijo que «compararla a ella con la Tebaldi era como comparar el champán con la Coca-Cola, añadiendo que cuando Renata pudiera cantar una noche *Norma*, a la siguiente *Lucía* y a los dos días la *Gioconda* o *Medea*, entonces se podría hablar de rivalidad; pero de momento, la Tebaldi, a su lado, era poco menos que una sombra». Si fueron ésas sus declaraciones exactas o si fue el periodista quien las manipuló y «adornó», nunca quedó claro, pero el hecho es que se organizó el previsible escándalo. Y cuando unos días después cantó en Roma, los partidarios de Renata llenaban el teatro dispuestos a «reventarle» su actuación y a impedir que nadie pudiera oír nada más que sus gritos. La representación fue un caos, y María volvió a Milán cansada y desquiciada. Había entrado de nuevo en una de sus etapas de agotamiento y depresión, que hacía tiempo estaban casi olvidadas, y el médico le ordenó reposo absoluto.

En Milán tenía que estrenar otra ópera con producción de Visconti, *La Sonnambula*, y con Leonard Bernstein dirigiendo la orquesta. El estreno tuvo que retrasarse quince días, lo que a la postre serviría para que Visconti y Bernstein pulieran hasta el último detalle y mejoraran considerablemente la producción. Visconti se había convertido en uno de los mayores admiradores y mejores amigos de María, veía en ella a un auténtico genio de la actuación, y ahora era él quien constantemente la animaba, la aconsejaba y la convencía de que era la mejor, cosa que hasta entonces había corrido a cargo de un Meneghini que se mostraba un tanto mohíno y callado, que no decía una palabra sobre el nuevo capricho de su mujer y seguía con su plena dedicación a regatear y «apretar» cada nuevo contrato que llegaba a sus manos. Y era a Visconti a quien María buscaba constantemente, en quien se apoyaba y a quien pedía consejo para todo. El éxito de *La Sonnambula* fue mayor de lo que el más optimista hubiera vaticinado; el público de la Scala alzó de nuevo a la cantante hasta el mismo Olimpo con uno de los mayores tumultos triunfales que se recordaban. María estaba de nuevo en la cresta de su ola particular, y de paso, cada día más obsesionada por Visconti.

Zeffirelli, una novedad inesperada

En marzo de 1955, María no se esperaba que la Scala le propusiera a un joven productor, Franco Zeffirelli, para dirigir su siguiente trabajo, la reposición de *Il turco in Italia*, la ópera con la que había conocido a su adorado Visconti cinco años antes y que había supuesto un cambio en su vida. Se mostró renuente al principio, pero pronto comprobó que el diseño que Zeffirelli había realizado era muy de su gusto, y durante los primeros ensayos pudo comprobar que era un director enormemente válido, por lo que sus reticencias desaparecieron rápidamente. Durante el tiempo en que duraron los ensayos, entre María y Zeffirelli nació una amistad sincera y limpia; curiosamente, ambos habían conectado de manera total, se caían bien y su trabajo juntos fue agradable y productivo. El estreno fue un gran éxito, y María quedó encantada con su nuevo amigo. Tanto, que al finalizar la actuación la noche del estreno, le preguntó a Franco si a su padre, un viejo y muy entendido aficionado, le había gustado. Zeffirelli le contestó que sí, y que venía camino del camerino para felicitarla, pero que como era inválido, tardaba en sortear a la multitud que se agolpaba en el pasillo. Entonces María hizo algo que jamás había hecho ni volvería a hacer: dejando a un montón de ilustres personajes esperándola en el camerino, cogió de la mano a Zeffirelli y salió en busca de su padre, y cuando lo encontraron, le agradeció el haber acudido al debut y le dio dos cariñosos besos en la cara. A Zeffirelli le llegó tan dentro aquel detalle que desde aquel momento se convirtió en uno de los mejores amigos y más incondicionales defensores de María. También Zeffirelli iba a influir en adelante, muy favorablemente, en la vida y la carrera de la gran Callas.

Era evidente que María estaba en un buen año. Tras el triunfal debut con Zeffirelli, su siguiente trabajo, también en la Scala, era de nuevo junto a Visconti, quien montó una producción de *La traviata* a la medida de Callas, para su total lucimiento y como un especial homenaje a su clase y su grandeza. María se había convertido no sólo en una mujer delgada y elegante, sino además guapa, muy guapa. Había conseguido sacar, con la ayuda de excelentes amigos, todo lo mejor de sí misma; entre unos y otros habían sabido dotarla de una elegancia y un señorío de los que hasta entonces carecía. Y ella misma, con su voluntad para adelgazar y mejorar su imagen, había sido la principal responsable de su propio cambio. El mayor mérito era, sin duda, el suyo.

Aquella *Traviata* de Callas-Visconti fue histórica, hasta el punto de que Renata Tebaldi, que había actuado en la Scala entre los dos grandes éxitos de María con Zeffirlli y Visconti, decidió no volver a cantar en ese teatro, y no lo haría hasta casi cinco años después. Había comprendido que en la Scala no podía haber dos «reinas», y asumió, por supuesto sin reconocerlo, que la auténtica reina era María Callas. En aquel momento, las comparaciones entre ambas estaban empezando a hacerle daño, por lo que, sin aceptar que se rendía, se rindió. Y abandonó el «reino» de Milán dejándoselo a María en exclusiva.

Entre tanto los empresarios de la Chicago Lyric estaban de nuevo en negociaciones con el «molesto» Meneghini para volver a llevar a María a su ciudad. Lawrence Kelly aceptó una vez más la larga lista de imposiciones y exigencias que Titta puso ante él, incluyendo una pintoresca cláusula por la que su teatro se comprometía a «protegerla» contra cualquier procedimiento legal que Eddie Bagarozy pudiera iniciar contra ella. Kelly, evidentemente, no sabía cómo tal cosa podía ser posible, pero como se trataba de algo tan aleatorio, aceptó. Pero sólo consiguió llegar al acuerdo definitivo cuando pudo encontrar a la propia María comiendo en la Biffi Scala, pues de lo contrario aún hoy seguiría negociando con el acuciante Titta. María estuvo encantada de volver a Chicago y le pidió a Kelly algo sorprendente: que contratase también a la Tebaldi, lo que daría aún más brillo a la temporada del Chicago Lyric y además permitiría a su público hacer comparaciones y establecer las pertinentes diferencias entre ambas para decidir quién era la mejor. Una propuesta, evidentemente, hecha para humillar a Renata, quien, si accedía, saldría perdiendo, y si no lo hacía, demostraría su «miedo» a la auténtica reina de la ópera. Fue una especie de pequeño ataque de soberbia de la Callas, pero también una actitud comprensible tras tantos años de haberse sentido humillada por su famosa y poderosa rival.

Aquel verano de 1955, uno de los mejores años en su carrera, fue muy movido; mientras madame Biki creaba para ella un nuevo y amplísimo vestuario, que les llevó docenas de horas metidas en el probador, María grabó otras dos óperas, *Madame Butterfly,* con Von Karajan, y *Rigoletto*, en la que volvía a trabajar junto a su infalible trío Serafin-Di Stefano-Gobbi. En septiembre fue al festival de Berlín con la producción de *Lucía de Lammermoor* hecha por la Scala, y con Von Karajan como director. Fue un acontecimiento tal que cientos de personas que no habían conseguido entradas —se agotaron en el mismo momento de salir a la venta— pasaron la noche anterior a la representación haciéndose un sitio en la calle ante el teatro. El triunfo fue, una vez más, memorable.

Chicago: del éxtasis... al tormento

A su regreso a Milán, empezó a preparar su inminente viaje a Chicago, donde el 31 de octubre debutó con *I Puritani*. La Tebaldi había aceptado el reto, y el 1 de noviembre debutó con *Aída*; ambas hubieron de compartir el camerino, pero se establecieron unos horarios exactos para evitar que coincidieran. Las cosas, finalmente, salieron bien y no hubo broncas ni enfrentamientos. La crítica, en su inmensa mayoría —nunca en la historia de ambas mujeres hubo unanimidad en esto, pues Renata Tebaldi también tenía una legión de partidarios incondicionales—, dio como vencedora a María por amplia diferencia de puntos, y aun ensalzando a la Tebaldi, a la Callas la colocaron en el cielo. Pero la «tragedia» llegaría al final.

Ante el éxito apabullante del ciclo, se programó una última representación de *Madame Butterfly* que no estaba prevista. Todo parecía perfecto al concluir, con un público enfervorizado y con María rebosante de felicidad. Pero la celebración final se empañó inesperadamente. Tras concluir la última y triunfal representación fuera de programa, y cuando todo el mundo estaba ya en el camerino felicitando a la gran Callas, dos policías hicieron allí su entrada de forma espectacular para cumplir con la exigencia de la ley: entregar en persona al demandado una requisitoria legal. La auténtica batalla con Bergozy acababa de empezar.

El acceso de ira que acometió a María dejó helados a todos. Nunca nadie la había visto así: era una auténtica furia desatada de la que manaba una inagotable catarata de insultos contra los policías, los empresarios, la ciudad de Chicago y los Estados Unidos en general. La llevaron casi a rastras a casa de un hermano de Lawrence Kelly, y desde allí, horas después, al aeropuerto. Tomó el primer avión que salía hacia Montreal, y desde allí otro a Milán. María se sentía traicionada, engañada, y Meneghini, en vez de intentar calmarla, atizaba con entusiasmo ese fuego. Nadie se explicaba cómo los alguaciles habían conseguido llegar hasta ella, y además justo cuando habían terminado sus actuaciones. Pensó que todo estaba preparado, que había sido una encerrona. María no culpaba a Lawrence Kelly, sino a su socio, Carol Fox, de ser quien había permitido que eso ocurriera.

Pero antes de cerrarse este negro capítulo, María hizo algo que, al menos, compensaba en cierta forma el mal trago: cerró un contrato con la Metropolitan Opera House de Nueva York para debutar allí un año después. Rudolph Bing había tenido que dar su brazo a torcer, derogando para ella la norma del tope de 1.000 dólares por día. No se dijo cuánto había conseguido María finalmente, pero al parecer la cifra se dobló, igualando el caché cobrado en Chicago. Y también quedó incumplida la solemne promesa hecha por Meneghini a la prensa tiempo atrás, aquello tan rimbombante de que «la señora Callas no actuará en la Metropolitan mientras el señor Bing sea su responsable». Al fin y al cabo, las palabras se las lleva el viento...

Pero aún faltaba la guinda del pastel; cuando llegó a Milán, se encontró con que una fábrica de pastas, Pastificio Pantanella, sin contar con su permiso, había utilizado su nombre y su imagen para una campaña en la que se decía que María Callas había perdido peso gracias a una dieta de macarrones «psicológicos», unos insólitos macarrones «adelgazantes» que acababan de lanzar. María, que ya venía de un humor de todos los demonios, se encontró a su llegada con los periódicos hablando, por un lado, de la sonada bronca de Chicago, y por otro, de su dieta de macarrones adelgazantes. Y como su humor era el que era, y el bueno de Meneghini se apresuró a empeorarlo, María hizo justo lo que no debía: en lugar de tomárselo a broma y negociar con los graciosos anunciantes para acabar cuanto antes con la campaña, los demandó inmediatamente, con lo que sus problemas judiciales se duplicaron. Los periódicos empezaron a hablar de «la guerra de los espaguetis», y María, la diva intocable, empezó a ser tomada a broma, que es lo peor que le puede ocurrir a alguien que habita en el Olimpo. Y para empeorarlo, resultó que el director de Pastificio Pantanella, la fábrica de «espaguetis adelgazantes» e ingeniosas campañas publicitarias, era nada menos que Marco Antonio Pacelli, primo del Papa Pío XII. La «mejor» guerra en la que María podía meterse. Duraría cuatro años, y aunque al final los tribunales fallarían a su favor y le concederían una indemnización, muy inferior a lo que se había gastado en abogados y cuando ya nadie se acordaba que aquella «guerra», durante una larga temporada su nombre estuvo mezclado en tan chusca causa, algo nada beneficioso ni para su imagen ni para sus relaciones públicas. Una vez más, los malos consejos la llevaron a cometer un error tan simple como pernicioso para ella misma.

No fue agradable el final de un 1954 que había comenzado de forma tan brillante. Pero la vida seguía y María decidió volver a la normalidad tratando de olvidar tanto sinsabor. En 1955 volvió a abrir la temporada de la Scala, en esa ocasión con un nuevo montaje de *Norma* y con el teatro lleno de adoradores y detractores, y entre los pateos de unos y los siseos de otros, el brillo del debut quedó empañado, y el estado de ánimo de María, un tanto maltratado. No se explicaba por qué estaba sucediendo aquello, por qué se le venían encima tantos problemas e inconvenientes cuando teóricamente era ya «perfecta», hacía bien su trabajo y era difícil superarla. Su vieja sensación de que medio mundo estaba contra ella, injusta e inexplicablemente, renació. Se producían extraños incidentes que eran carnaza para la prensa, como cuando Del Mónaco, tras ser su *partenaire* en *Norma*, apareció en los periódicos contando una historia peregrina que sin embargo fue sonada: dijo que, a la hora de recibir los aplausos, «María le dio una patada en la pantorrilla, y mientras él se estaba frotando la pierna, ella se llevó todas las ovaciones». Semejante memez sólo podían creerla los más encarnizados enemigos de la cantante, pero era un buen tema para la prensa y se publicó. Además, el público tenía aún frescas las fotos de la Callas en Chicago convertida en una furia desatada, y los oportunistas del escándalo aprovecharon inmediatamente la coyuntura. María no daba crédito a lo que veía, no podía explicarse semejante despropósito, pero ignoraba que aquella delirante historia de la patada en la espinilla había ocurrido por culpa de quien menos podía sospechar: el infaltable Meneghini. Del Mónaco estaba indignado con él porque en una representación anterior de la misma ópera, en la que le dieron una enorme ovación, se fue a ver al jefe de la claque —entonces era habitual que cada teatro tuviese su plantilla de aplaudidores pagados—, un tenor retirado llamado Parmeggiani, y le recriminó y amenazó por permitir a sus jaleadores tanto entusiasmo por Del Mónaco. En lugar de amilanarse, Parmeggiani fue inmediatamente a ver a Del Mónaco para contarle lo sucedido y asegurarle de paso que aquellos aplausos no habían sido ordenados, sino que eran auténticamente suyos. El gran tenor, hecho una furia, fue al camerino de María y puso a ésta y a su dilecto esposo del color de la hierba, gritándole a Meneghini que ellos no eran los dueños de la Scala ni de su público. María no sabía qué estaba pasando, y nadie sabe qué será lo que Meneghini le explicó. La pintoresca declaración a la prensa vino luego, y con toda probabilidad María seguía entre la bruma. Y hubo otros varios casos parecidos.

Uno de los más lamentables se produjo cuando, tras una triunfal actuación, caía sobre el escenario una lluvia de flores. María recogía los ramos y los abrazaba, agradeciendo al público su cariño. De pronto, entre aquellos ramos voló uno... de rábanos. Buena parte del público se dio cuenta, consternado ante aquel insulto, pero María, cuya vista era cada día más deficiente, no lo vio. Tomó el ramo y lo estrechó contra sí... detalle que bien podría haber sido una demostración de clase y de desprecio hacia el autor de la broma, pero que la prensa se apresuró a airear con la inevitable sorna que casos así provocan.

María, aquella noche, abandonó el escenario como si nada hubiera ocurrido, pero al llegar al camerino estaba llorando. Acababa de triunfar una vez más, acababa de demostrar que era la mejor... y sin embargo tenía que seguir soportando burlas tan crueles como injustas, y además con el pertinente eco, para que no sólo unos cientos de personas, sino millones en todo el mundo, pudieran celebrarlas. Tenía toda la razón al sentir asco y rabia, pero nada se podía hacer. Lo que estaba ocurriendo demostraba que María Callas no era la mujer de hielo, la mujer fuerte y desprovista de sentimientos que muchos trataban de dibujar. Podría haberse mostrado cáustica y soberbia ante los ataques y las burlas, podría haber machacado literalmente a cientos de auténticos desgraciados, «don nadies» dedicados a desprestigiarla, pero no lo hizo. Se limitó a callarse, a refugiarse en su antigua timidez y su complejo de ser injustamente aborrecida. Entre tanto, su esposo se dedicaba a amplificar esa sensación, convenciéndola de que todo el mundo era malo, todos estaban su contra, y sólo él estaba ahí para protegerla. María Callas, evidentemente, era una cantante genial, pero una pésima psicóloga.

El sabor del fracaso

Pero, dentro de los sinsabores de los últimos tiempos, quedaba algo que María aún no había conocido: lo que se siente ante un fracaso. Y ella vivió uno, uno sólo, tan innecesario como ridículo. Mientras hacía una serie de diecisiete *Traviatas*, todas con el resultado de siempre, estaba ensayando algo que no tenía por qué causarle ningún problema, pero que no debería haber aceptado hacer, porque ni era adecuado para ella ni la producción prevista se acercaba a su nivel. Era una producción de *Il barbiere di Siviglia,* algo demasiado ligero, demasiado simple para lo que el público estaba acostumbrado a oír de la Callas. Salió mal, fue una producción vulgar, en la que nadie parecía estar a gusto ni poner interés. En la Scala no podía tener cabida algo así, y ni siquiera María pudo evitar el desastre. La crítica se cebó, porque no se podía perdonar algo como eso en el mejor teatro de ópera del mundo. Y a cada representación todo iba saliendo peor, más frío. Todo el mundo quería que aquel calvario acabase.

El mal trago pasó por fin, y la temporada de la Scala se cerró con *Fedora.* No fue un fracaso, pero tampoco un éxito. Y quizá a causa del reciente fiasco de *Il barbiere,* algún crítico se permitió decir algo que hasta entonces nadie había siquiera mencionado: que la voz de María empezaba a mostrar ciertas lagunas, a perder su magia. No era cierto, pero para los enemigos de la Callas era una buena ocasión para atacar y sembrar una polémica que, en cualquier caso, no sería beneficiosa para ella. Y de hecho acertaron, porque justo entonces la gran Callas empezó a sentir cansancio, un cansancio perfectamente lógico tras todos esos años en los que su vida había sido una pura carrera a ritmo frenético y tras los ataques casi siempre injustificados que recibía.

Al comenzar 1956, se liberó temporalmente de la presión milanesa con un viaje a Viena para cantar en la Staatsoper, recién inaugurada tras su restauración, pues había resultado destruida durante la guerra. Allí cantó su *Lucía de Lammermoor* con la dirección de Von Karajan y el público estuvo veinte minutos en pie aplaudiendo sin cesar cuando concluyó la noche del debut. Después de tres representaciones, volvió a Italia para descansar unas semanas e iniciar, el 3 de agosto, una grabación de *Il Trovatore* con Von Karajan y otra de *La Bohéme* dirigida por Antonino Votto. Entre tanto, preparaba su inminente debut en la Metropolitan de Nueva York, concediendo entrevistas a distintos periódicos y revistas norteamericanos y posando para largas sesiones fotográficas. Serafin ya no estaba en el viejo equipo, pues María se sentía traicionada por él tras haber aceptado éste grabar para la EMI una *Traviata* con Antonietta Stella. A Serafin, y a todo el mundo, le sorprendió la tajante decisión de María de no volver a trabajar con él en el futuro, decisión tan injusta como ilógica, pero que sin duda respondía al carácter de la Callas, que cada día, con la ayuda de Meneghini, veía crecer su manía de que todo el mundo estaba contra ella.

El 15 de octubre de 1956, María llegó a Nueva York. Como ya era tradicional, allí estaba esperándola una vez más, once años después de aquella vez en que la recogió del *Stockholm*, su padre, George, quien iba acompañado por Francis Robinson, de la Metropolitan, donde iba a debutar trece días después con *Norma*. Durante aquellas dos semanas fue tratada como una auténtica reina, se le dieron todos los caprichos imaginables y se la ensalzó hasta la exageración. María, sin embargo, y quizá aconsejada por aquel genio de las relaciones públicas llamado Meneghini, se comportó como una diva caprichosa y soberbia, estropeando su imagen a una velocidad sorprendente y dando toda clase de facilidades a sus detractores para atacarla en todos los frentes. Bing la describiría después como «un carácter infantil, una mujer que debajo de una máscara de dura profesionalidad era realmente una niña insegura, caprichosa y muy dependiente de los demás».

Dos días antes del debut, la revista *Time* publicó un reportaje que fue toda una bofetada para María y que le afectó profundamente; en aquel reportaje, muchas personas que la conocían, incluyendo a Evangelia, hablaban sobre ella, y lo que decían no tenía desperdicio. Se publicaba la última carta que escribió a su madre, en la que le decía textualmente: «No nos vengas con tus problemas. He tenido que trabajar mucho para tener dinero, y también tú eres lo suficientemente joven para trabajar. Si no puedes ganar lo suficiente para vivir, puedes tirarte por la ventana o ahogarte». El reportaje, sin embargo, no mencionaba la insultante carta de su madre pidiéndole dinero y que había merecido esta respuesta. El hecho es que María, ante los millones de lectores de *Time*, quedaba como una millonaria desalmada a la que no le importaba lo más mínimo lo que pudiera ocurrirle a su desgraciada madre, que suplicaba su ayuda al encontrarse en la miseria.

También el reportaje incluía declaraciones de varios cantantes, uno de los cuales, cuyo nombre no se citaba, decía: «Llegará un día en que María cante sola», calificándola de diva insoportable, odiada por muchos de sus colegas.

Aquel reportaje, en fin, fue todo un golpe a la imagen de la Callas, y por supuesto a su moral. El disgusto que se llevó le duraría toda la vida, pero de momento, le estropeó el esperadísimo debut en la Metropolitan, que la recibió con unos fríos aplausos y cierta hostilidad. Todo el Nueva York de la música estaba allí y María decidió que tenía que apabullarlo. Y lo consiguió. Tras un agobiante comienzo, surgió la magia y todo lo malo que se estaba diciendo de María quedó inmediatamente olvidado. El público acabó completamente entregado, y una vez más María había triunfado en toda la línea. En la fiesta que siguió, una mujer «importante» en América, la famosísima periodista de crónicas sociales Elsa Maxwell, entró en la vida de María Callas, quien, a su vez, se introdujo de lleno en el mundo de la *jet set* neoyorquina.

Elsa Maxwell, la cotilla de oro

Elsa Maxwell, a sus setenta y tres años, era a la prensa americana lo que Edgar Hoover al FBI: un ser casi todopoderoso que podía hundir o encumbrar a alguien en un solo día, y a la que todo el mundo adulaba y respetaba no precisamente por cariño, sino por miedo, con algunas excepciones de ciertos actores de fama universal, como Gary Cooper o Cary Grant, quienes la habían rebautizado como «el vejestorio rastrero» o «la vieja foca venenosa» tras haber visto sus vidas privadas puestas en la picota. Y la Maxwell, amiga y partidaria de la Tebaldi, y ayudada directamente por Renata, aprovechó la llegada de María para desencadenar contra ella una de sus furibundas campañas de desprestigio. La llamaba «la insidiosa diva» y no dejaba pasar un día sin dispararle desde su columna unos cuantos dardos envenenados. Pero la Callas no contestaba.

El 3 de diciembre, al día siguiente de su trigésimo tercer cumpleaños, María cantó en la Metropolitan *Lucía de Lammermoor*.

Un triunfo más y los elogios de todos... menos de la Maxwell, quien dijo haberse quedado fría ante la voz de aquella cantante, que ella encontraba metálica y desagradable... Así discurrió el ciclo en la Metropolitan durante nueve semanas, con María obteniendo un éxito tras otro y Elsa Maxwell atacándola sin piedad. Y cuando poco antes de regresar a Italia los Meneghini fueron invitados a una cena de gala organizada por el American Hellenic en el Waldorf, allí estaba Elsa.

Cuando María se encontró ante ella hizo, por una vez, lo más inteligente para su carrera. Tragándose la justificada inquina que sentía por la viperina periodista, en lugar de dedicarle un par de insultos y un gesto de desprecio le plantó dos besos y se mostró encantada de conocerla por fin, cubriéndola de halagos y diciéndole que la admiraba «por ser una dama llena de honradez y dedicada a decir la verdad». Aunque la verdad era muy distinta; María conocía a la periodista desde que era niña, la veía en los periódicos y revistas como a una de las grandes manipuladoras de la alta sociedad, del mundo del *glamour*. Estaba en todas las fiestas y hacía y deshacía a su gusto con la fama y las vidas de los demás. Y ahora lo que María quería a toda costa era convertirla en su introductora en ese mundo del *glam* y la *jet*, que estaba interesadísima en conquistar. La fama y la ópera ya eran suyas, y ahora lo que quería era ser también la reina del «mundo social».

El caso es que la Maxwell se quedó asombrada, y en ese momento dejó ver con toda claridad la «solidez» de su criterio y la «ética» que la adornaba como profesional de la información: de golpe, sin más, cambió de bando y se convirtió en amiga y admiradora de la Callas. Y eso fue, simplemente, porque recibir un par de halagos de la gran diva la convertía a ella misma en alguien más importante a los ojos de los demás. Así, tras la patética transformación de la vieja cotilla y lenguaraz —como un día la calificara Bogart—, los ataques se convirtieron en piropos y alabanzas. Y Renata Tebaldi, con gran indignación por su parte, pasó a un segundo plano en las preferencias de la Maxwell.

Se decía, y ella no lo negaba, que Elsa Maxwell era lesbiana; jamás había permitido que un hombre la tocara y aunque no se sabe qué tipo de vida sexual era la suya lo cierto es que era, como mínimo, atípica. La Maxwell se enamoró literalmente de María, y durante más de tres años iba a ser una nueva «sombra» para ella.

Cuando 1957 vivía sus primeros días, Elsa ya estaba aplicada a introducir a María «en sociedad». Tras dos semanas de ajetreo social, y como despedida, asistió a un gran baile de disfraces que se celebró en el Waldorf. Iba vestida de Hatsepshut, la emperatriz egipcia, y como estaba muy interesada en triunfar en aquel selectísimo círculo, se cubrió de joyas por valor de tres millones de dólares. Naturalmente, causó sensación. Lugo volvió a Chicago, donde había jurado que no volvería a pisar, pero su ira se había apaciguado. Y por fin llegó el momento de regresar a Italia.

Cuando iba a abandonar Nueva York camino de Milán, tuvo que volver a presentarse ante el juez a causa de la demanda de Bagarozy. El pleito seguía adelante, y aún duraría. El febrero viajó a Londres para cantar dos *Normas* en el Covent Garden. Como de costumbre, dos importantes triunfos, al igual que en su regreso a la Scala a primeros de marzo, cantando *Sonnambula*. Al mes siguiente, otra gran producción con Visconti para el coliseo milanés: *Anna Bolena*. El decorado realizado por Visconti y Nicola Benois, con el blanco, el gris y el negro como colores predominantes, despertó auténtico entusiasmo en el público, mientras María hacía honor a esos diseños creando un personaje dramático que causó impacto. Ahora ya no se valoraba solamente su maravillosa voz, sino también sus dotes dramáticas, su faceta de actriz capaz de dar vida al personaje más difícil y complicado. Había llegado, ciertamente, a la cumbre, había alcanzado un punto, un techo, que cada día iba a costarle más superar. Y aquel éxito no quiso perdérselo su nueva gran amiga, Elsa Maxwell, quien voló a Milán para volver a ver a su adorada Callas y pasar una temporada con ella. María la esperaba en el aeropuerto y la mimaba con todo cuidado, cosa que a la Maxwell le producía auténtica felicidad. Así que Elsa organizó en Venecia un gran baile en honor de María, mientras desde su columna en docenas de periódicos destrozaba sin piedad a todos sus detractores y denunciaba sus sucios manejos.

Otra jugada de Meneghini

Una nueva guerra de declaraciones y acusaciones acababa de estallar, de nuevo con Meneghini como magistral autor del desperfecto. Estaba previsto que María volviese a Viena con una *Traviata* que iba a dirigir Von Karajan. El compromiso estaba adquirido desde mucho antes, pero cuando la fecha ya se venía encima, entonces Meneghini, con su usurera jugada de siempre, consistente en esperar hasta el último momento para aumentar sus exigencias sin dar tiempo a la otra parte a reaccionar y obligándola a tragarse el sapo sin remedio, anunció que el caché de su mujer se había doblado. No se trataba de un simple aumento, sino de multiplicar el ya altísimo caché por dos. Pero esta vez, Titta erró el tiro. Los vieneses se negaron en redondo a aceptar tal exigencia y anularon la actuación. Y María, que constantemente pregonaba que a ella ya no le interesaba el dinero, sino que su trabajo fuera perfecto, se vio de nuevo en la picota acusada de caprichosa, avariciosa y de mostrar una actitud poco menos que indigna. Pero esta vez tenía una importantísima e influyente defensora: Elsa Maxwell, quien volcó todo su poder en defender a su amiga y en atacar sin piedad a los vieneses, olvidando o solapando que estaban cargados de razón. Mientras, una vez más, María se tragaba las capciosas explicaciones que le daba su esposo, dirigidas todas a convencerla de que estaban tratando de engañarla y de que él era el glorioso adalid que lo impedía.

En medio de esta nueva «guerra» provocada por la ilimitada avaricia del fabricante de ladrillos, la Callas estrenaba la que sería su última ópera con la producción de su viejo y querido amigo Luchino Visconti: *Iphigenie*. Y tras un nuevo triunfo, fue a pasar unos días en París con Elsa, quien aprovechó para presentarle a los duques de Windsor, a los Rostchild y al hijo del Aga Khan, el príncipe Alí. Su vida social empezaba a ser tan sonada como su vida profesional, sólo que con la primera se estaba convirtiendo en más famosa aún que lo que ya había logrado con la segunda. Entre tanto, preparaba su primer «retorno» a Grecia, de donde salió siendo una chica gorda y miope con 100 dólares por todo capital y donde volvía convertida en la cantante más grande del mundo, además de en una gran dama multimillonaria, bella y sofisticada.

Pero contra lo que hubiera sido lógico, los griegos no mostraban gran entusiasmo por volver a verla. Las constantes declaraciones de Evangelia, una compatriota al fin al cabo, y lo que muchos consideraban un «abandono» del país por parte de la Callas, que más parecía tener sangre italiana que griega, eran los fundamentos de un ambiente nada favorable. Además, distintos partidos del auténtico gallinero que por entonces era la política griega trataban de capitalizar su visita, de ponerla de su lado o de utilizarla colocándose en su contra. El ambiente estaba tan cargado que el propio Gobierno griego se encargó de que la madre y la hermana de María desaparecieran durante el tiempo que ésta permaneciera en Grecia, y las «facturaron» para los Estados Unidos con unas vacaciones pagadas por el erario público.

La Callas llegó a Grecia cansada, y tan ignorante como de costumbre de la auténtica situación. Cuando se abrieron sus ojos a la realidad, sintió miedo. Comprobó que tendría ante sí un público que no la iba a recibir como en cualquier otra parte, y no sabía si tendría fuerza en esta ocasión para conseguir triunfar sobre la adversidad. Al fin y al cabo los griegos eran sus compatriotas, y ésos suelen ser los más difíciles. Pensó en cancelar sus actuaciones, pero eso era imposible. Cuando llegó el momento del debut, su estado de nervios era tal que hubo que aplazarlo, pero como ese aplazamiento se anunció tan sólo una hora antes, sólo se consiguió que la inicial reticencia del público hacia ella se transformara en ira desatada. Por fin, cinco días después la Callas apareció en el escenario del Teatro Herodes Atticus de Atenas, ante un público no ya frío, sino ferozmente inclinado en su contra. Si la Callas hubiera sido un torero, aquél habría sido el peor toro de su vida. Pero en ese momento, tras cinco días de concentración y de autoconvencerse de que podría hacerle frente, María salió al escenario tranquila y dispuesta a triunfar, a ganarse a ese público en una especie de combate a tres largos asaltos. Y lo consiguió. Probablemente ningún otro cantante lo hubiera logrado, pero ella sí. Y el resentimiento, de nuevo, se volvió admiración y los insultos se convirtieron en halagos.

Su visita a Grecia fue extenuante, porque al cansancio físico se había unido el agotamiento mental tras aquella guerra de nervios. A su vuelta a Milán, se encontraba en un estado lamentable. Excesivamente delgada, pues no había parado de adelgazar hasta llegar a quedarse casi esquelética, con los nervios destrozados por la tensión y sus fuerzas físicas mermadas, recibió el consejo de su médico de cancelar todos sus siguientes compromisos y concederse un largo descanso que ya resultaba imprescindible. Pero además de imprescindible, se antojaba imposible. Tenía ante sí el inminente Festival de Edimburgo con la producción de la Scala y una suspensión de ese compromiso, con lo reciente que aún estaba el aplazamiento en Atenas, se aventuraba demasiado arriesgado y perjudicial. Así que fue a Edimburgo, donde ella abría la temporada con *Sonnambula*. Eran cinco noches, y con un esfuerzo titánico consiguió cantar las cuatro primeras, pero la quinta ya no pudo más; por otra parte, había dejado claro a Ghiringhelli que sólo cantaría cuatro noches, porque nunca antes había aceptado más de cuatro representaciones seguidas. Pero eso no fue tenido en cuenta por nadie. La suspensión hizo que parte de la prensa inglesa, en un alarde de inexactitud, hablara de «otro capricho de la Callas, otra suspensión injustificada». La realidad es que esa quinta noche no figuraba en su contrato, fue una forma de actuar de Ghiringhelli parecida a la que tenía Meneghini, la estrategia de los hechos consumados: si María se veía ante esa quinta noche, tendría que cantar presionada para evitar reacciones en contra. Pero Ghiringhelli se equivocó, porque María no pasó por el aro. Esta vez, tenía toda la razón de su parte, y justo es reconocerlo. Finalmente, los críticos británicos lo entendieron así, y ellos mismos cerraron la disputa. No así otros grandes periódicos del mundo, que siguieron acusándola de frívola y caprichosa, especialmente cuando supieron que, desde Edimburgo, María fue directamente a Venecia para asistir a uno de los grandes bailes de la señora Maxwell, quien, por cierto, y es de suponer que sin intención, echó otro tronco a la hoguera al decir sin recato alguno que estaba encantada de que María «hubiera roto un compromiso» para asistir a un baile organizado por una amiga. Fue la guinda del pastel, y los eternos detractores de Callas se dieron un festín. Pero ella ya había alcanzado el cielo cubriendo todas las metas. Era la mejor cantante de ópera del mundo y un personaje de primera fila en el universo de la *jet*. Ya pocas cosas parecían quedar que pudiesen aportar un nuevo aliciente a su vida, pero, para general sorpresa, una nueva «bomba» se preparaba. Estaba a punto de conocer a Aristóteles Onassis... y de llegar, por fin, a conocerse a sí misma.

SEGUNDA PARTE

VI.   APARECE «ARI»

El día que conoció a Aristóteles Onassis, el mundo de María Callas iba a sufrir la mayor convulsión de su vida. Ocurrió en el baile que Elsa Maxwell organizó en Venecia y al que acudió María tras regresar de Edimburgo. Ella fue la gran triunfadora de la fiesta, la más admirada y piropeada. Causó impacto, y especialmente en un multimillonario griego que en aquel momento era una de las estrellas más fulgurantes de la *jet* mundial. Aristóteles Onassis, el armador, quedó prendado de María nada más conocerla. Aquella fiesta no fue un simple baile para millonarios y famosos, fue toda una «romería» que duró una semana. Del Lido al Harry's Bar, donde la Maxwell era una institución, y de allí al yate de Onassis, el *Christina*, para volver al Florian's y una vez más comenzar el mismo recorrido. Y durante aquella semana, el griego procuró no separarse un instante de su nueva e ilustre amiga. A Onassis le enloquecía tanto como a María el brillo social, le entusiasmaba sentirse el centro de atención en fiestas y acontecimientos sociales. Si en solitario lo conseguía, junto con María era algo espectacular. La pareja de griegos levantaba todo tipo de comentarios allá por donde pasaba. El único que parecía no estar al tanto de nada era Meneghini, y si lo estaba, guardó un significativo silencio... por la cuenta que le traía. Astuto y prudente, prefería no darse por enterado.

Cuando María volvió a Milán, de nuevo había una pequeña revolución mediática organizada en torno a su suspensión de Edimburgo y su semana de juergas continuas en Venecia. Incluso muchos de sus partidarios estaban enfadados por lo que leían en la prensa. Wally Toscanini dejó de hablarle, y no lo haría durante meses. Y aunque María suplicaba una y otra vez a Ghiringhelli, auténtico responsable del desaguisado, que aclarase públicamente lo ocurrido, éste se negó en redondo a hacerlo. La Callas le había hecho «quedar mal» ante los responsables del festival escocés y ahora iba a pagar por ello. Para empeorar la situación, y a causa de varios compromisos sociales a los que la obligaba su nueva vida de miembro de la *jet*, María decidió posponer una serie de actuaciones que tenía contratadas en septiembre en la Ópera de San Francisco y para las que faltaban ya muy pocos días, aunque proponía ofrecerlos en octubre. Pero el director de la Ópera, Kurt Adler, además de mostrarse iracundo ante el nuevo «capricho de la diva», no aceptó el arreglo y anuló todos los contratos, además de presentar una demanda por incumplimiento de contrato y de denunciarla ante la American Guild of Musical Artists. Más problemas legales se le venían encima mientras las críticas arreciaban y su fama de inestable y caprichosa crecía como una ola tras un terremoto.

Pero tuvo que volver a América de todas formas, esta vez para presentarse en la audiencia final del proceso contra ella por el caso Bagarozy. Llegó a Nueva York el 2 de noviembre, y el día 7, tras años de lucha, mala publicidad y una fortuna gastada en abogados, las dos partes llegaban a un acuerdo fuera del tribunal. Algo que María podía haber hecho desde el principio, ahorrándose mucho dinero, nervios y mala prensa, pero que los «sabios» consejos de su esposo había impedido. No obstante, aprovechó aquel viaje para tomar parte, cuatro días después, en un concierto benéfico que se organizó para inaugurar la nueva Ópera de Dallas, que estaba a cargo de su amigo Lawrence Kelly, el empresario de Chicago que años antes había abierto para ella las puertas de Norteamérica adelantándose a la Metropolitan Opera House.

Volvió a Milán para terminar aquel movido año de 1957 en medio de un ambiente nada favorable. Lo ocurrido en Edimburgo y San Francisco había dado pie a una furibunda campaña en su contra, y los efectos de la misma eran claramente perceptibles. No sólo el público, sino también los músicos, coristas, bailarines, tramoyistas... todo el mundo del teatro estaba también en contra suya.

Iba a ser la primera vez que cantara *Un Ballo in Maschera*, de Verdi, en la Scala, y lo que podía haber sido todo un acontecimiento se convirtió, las semanas antes del estreno, en una especie de pesadilla. Pero una vez más, su ilimitada clase vino a salvarla. El debut, que se celebró al fin el 7 de diciembre, se emitió por radio, y todo el país pudo asistir al éxito que obtuvo. Tras cinco representaciones, por fin pudo terminar el año de una forma aceptable.

Pero una vez más su «nueva vida» iba a crearle problemas. Debía empezar el año 1958 cantando en Roma el día 2 de enero. Un par de noches antes del estreno, los romanos pudieron verla bebiendo champán hasta altas horas de la noche en un elegante club, en compañía de varios miembros de su nuevo círculo de selectas amistades; cosa que tampoco hubiera tenido demasiada importancia de no haber sido porque María, pocas horas antes de su nuevo debut romano, se quedó sin voz y no pudo cantar. En tan poco tiempo, era imposible encontrarle una sustituta; con todas las entradas vendidas, con la anunciada presencia del presidente de la República, María Callas volvía a dar la campanada. Era lo que le faltaba, tras todos los recientes acontecimientos, para acabar de echarse definitivamente encima a una horda de detractores sedientos de su sangre.

Se hicieron todos los esfuerzos humanamente posibles para tratar de recuperar su voz, pero cuando finalmente salió a escena no sabía lo que podría ocurrir, aunque había decidido que tenía que intentarlo. Y jugándosela, porque además, la representación iba a radiarse a todo el país, y un fracaso sería especialmente malo. Pero ese fracaso se produjo. La voz de María estaba hecha jirones, y como tenía que poner toda su atención y concentración en tratar de cantar, su interpretación dramática ni siquiera existió. Fue un suplicio para ella y para su público, silencioso y anonadado. Y tras el primer acto, María abandonó. No podía seguir. Su rendición tardó mucho en ser comunicada al respetable, que esperó un larguísimo rato «calentando» su humor y sus asientos. Cuando por fin apareció el director de la Ópera y comunicó que María estaba indispuesta, era demasiado tarde y casi estalló un motín.

Tuvo que dejar el teatro por su pasadizo subterráneo, pues las salidas habituales estaban tomadas por una multitud indignada y vociferante y al día siguiente los comentarios en la prensa fueron los lógicos. Desde «artista de segunda categoría», como la llamó el diario *Il Giorno*, hasta «intérprete desagradable que carece del más elemental sentido del la disciplina y el decoro», fueron algunos de los calificativos que se incluían bajo titulares tales como «Insulto» o «Escándalo». Le Ópera de Roma le rescindió el contrato y le impidió cantar las tres *Normas* que tenía pendientes, con lo que María volvió a Milán humillada y dolida, y con una nueva batalla legal en perspectiva, ya que decidió demandar a la Ópera de Roma por no haberle permitido cumplir su contrato y no habarle pagado ni siquiera los gastos. Y para liberarse de tanta presión, le vino muy bien la nueva visita a Chicago que tenía programada hacía tiempo para un concierto ante la American Guild Artists que podía suponerle una nueva temporada en la Metropolitan.

Hizo una breve escala en París, donde le sorprendió el recibimiento, inesperadamente cálido, que le dispensaron. Docenas de periodistas la esperaban en el aeropuerto, simplemente para entrevistarla durante las tres escasas horas que estuvo allí. Luego, la bienvenida a Chicago fue parecida, y el éxito que consiguió, grande. Se cerró el nuevo contrato con la Metropolitan, donde debutó el 6 de febrero con *La traviata*, en el que fue uno de sus mayores triunfos en Nueva York. Había vuelto a su vida frenética, dedicada exclusivamente al trabajo, y empezaba a estar cansada de ello, echaba ya de menos ese nuevo paraíso de fiestas y lujo que acababa de conocer. Y mientras triunfaba en su ciclo neoyorquino, Elsa Maxwell permaneció a su lado tratando de ofrecerle unas cuantas dosis de eso que María añoraba. Y de nuevo, tanta actividad la condujo al borde del agotamiento físico y psíquico.

Entre tanto Evangelia, libre ya de su antiguo marido, vivía desde hacía un año en nueva York, y había tratado varias veces de hablar con su hija, sin conseguirlo porque María, apoyada por la Maxwell, se negaba en redondo a verla. Sólo se reunía con su padre, con quien seguía manteniendo excelentes relaciones. Finalmente, se fue de Nueva York sin haber hablado con su madre.

De vuelta en Milán, volvió a la Scala con *Anna Bolena*, y el ambiente crispado que había dejado allí meses antes seguía predominando sobre cualquier sensación de tranquilidad. El escándalo de Roma estaba aún fresco en la mente de los italianos, con la colaboración de un sector de la prensa que se lo recordaba constantemente. Hasta el punto de que el día del debut, el 9 de abril, una compañía de la Policía permanecía de guardia para evitar posibles disturbios; otros muchos agentes de paisano se repartieron por el interior del teatro con el mismo fin. La función se desarrolló en un ambiente gélido al principio, pero de pronto se produjo una sorpresa inesperada: cuando los guardias llegaban a apoderarse de Ana, la Callas recuperó de pronto todas sus cualidades histriónicas y dramáticas. Apartándolos de un violento empujón, se dirigió directamente al público para dedicarle el dramático fragmento que correspondía: «¡Jueces para Ana... Jueces... Si éste es mi juicio, juzgadme, pero recordad que soy vuestra reina...!». Resultaba evidente que María, iracunda, estaba hablando de sí misma y con su público y una vez más, como en tantas ocasiones, de pronto el ánimo de la audiencia dio un cambio radical, y del frío se pasó al calor, la indiferencia dio paso al entusiasmo y lo que empezó de forma terriblemente amenazadora volvió a convertirse en un triunfo rotundo. María cantó de la forma más brillante y espectacular que sabía, y el público enloqueció, de nuevo el genio había vencido a la adversidad. Y esta vez María no abandonó el teatro por ninguna puerta secreta, sino que salió por la habitual para hacer frente a los indignados aficionados que estaban en la plaza. Salió con su imagen más grandiosa, con vestido de noche y cargada de joyas, dispuesta a enfrentarse con cualquiera. Pero el triunfo del interior ya había trascendido por toda la ciudad, y en lugar de encontrarse con una furibunda jauría, volvió a verse ante la habitual masa enfervorizada de adoradores que desde una década atrás besaban por donde pisaba. Una batalla más en su haber, y ni ella misma podía explicarse cómo había sido posible tal cambio en tan poco tiempo. Pero lo cierto es que nunca, nadie, ni en el mundo de la ópera ni en ningún otro del que se tuviera noticia, había conseguido, como ella lo hacía, dar un cambio a una situación difícil, o incluso temible, de forma tan radical.

Cuando acabó la última representación, salió de Milán para descansar unos días en su nueva casa del Lago de Garda, donde también se dedicó a preparar su siguiente ciclo para la Scala, en el que cantaría *Il Pirata*. Pero cuando volvió al teatro el 9 de mayo, de nuevo se encontró con un ambiente desagradable. Ghiringheli estaba una vez más en su contra (y esta vez no había, que se sepa, una razón concreta), y todo eran pegas. Los ensayos se realizaron entre malas caras, gritos y mal talante general, lo que nada bueno podía reportarle al montaje. De nuevo María utilizó sus cualidades dramáticas para convertir la representación en una batalla personal, esta vez entre ella y Ghiringhelli, que no acudió al estreno. En una frase del libreto, Sirmione, la protagonista de *Il Pirata*, mirando el patíbulo, pronuncia las palabras «Il palco funesto»; como en italiano, casualmente, la palabra «palco» significa ambas cosas, palco y patíbulo, María aprovechó el momento, y sin fijarse en el cadalso de la escena, cruzó el escenario y miró directamente al palco de Ghiringhelli para decir con furia su frase, «il palco funesto»... Lógicamente, todo el mundo entendió al instante a qué se refería. Y Ghiringhelli, que no estaba en su palco pero sí en su despacho, montó una vez más en cólera contra su antigua «enemiga» y empezó a rumiar su nueva venganza, pero esta vez iba a ir en serio: preparó la ruptura definitiva entre el gran teatro milanés y la reina de la ópera. Ya no habría más contratos, y cuando María salió del escenario de la Scala, fue la última vez que lo hizo. O al menos eso creía Ghiringhelli.

Sin sospechar que pasaría algún tiempo antes de que volviera a cantar en el teatro donde había obtenido sus mayores éxitos en la cumbre de su carrera, María se fue a Londres para participar, en el mes de junio, en el centenario del Covent Garden. Y en Londres encontró un ambiente bien diferente al que había dejado en Milán. El 10 de junio debutó con *I Puritani* con sus resultados habituales en Inglaterra, es decir, un triunfo en toda la línea. Tras la representación, dos centenares de artistas esperaban turno para ser presentados a la reina, y María pudo recibir sus felicitaciones personales.

Nueva gira... y nueva guerra

Terminó en Londres y volvió a Italia para descansar un par de meses. Empezó a preparar nuevas grabaciones y aceptó una larga gira por Estados Unidos. Y en octubre, con toda la gira cerrada pero con la excepción de la Metropolitan, con la que no había llegado a un acuerdo, María Callas volvió a emprender el camino de América. Birmingham, Atlanta, Montreal, Toronto y Dallas fueron sus primeras escalas, con excelentes resultados y ningún problema en todos los casos. Y fue estando en Dallas, en la noche del estreno de una nueva *Traviata*, cuando recibió una espléndida oferta de Rudolf Bing para que volviera a la Metropolitan. Le ofrecía los directores más brillantes, las producciones más espectaculares, incluida una nueva junto a su viejo y querido Zeffirelli... pero era como si María tuviera «miedo» de regresar allí, como si las recientes batallas con el coriáceo público de Milán hubieran colmado su paciencia y sus ansias luchadoras. Además, sus últimas experiencias en la Metropolitan no le habían gustado nada, ni la forma de trabajar ni las relaciones con sus compañeros. Prefería lugares más cómodos, menos exigentes y que sin embargo resultaban, si no tan gratificantes, sí igualmente remuneradores. Pero se llegó a un acuerdo verbal y Bing le envió un calendario para veintiséis representaciones de las tres óperas que quería que cantase. Al verlo, María no quedó muy conforme, y siguió dando largas al director de la Metropolitan mientras triunfaba en Dallas. Y de nuevo sucedió lo que tantas veces ha ocurrido y seguirá ocurriendo en el peculiar mundo de la ópera y su especialísima gente: la dignidad de Bing, teóricamente el hombre más poderoso del planeta operístico en los Estados Unidos, se sintió herida. Envió a la Callas un telegrama con un ultimátum contundente: o confirmaba el calendario de inmediato o se olvidaba de la oferta. Pero María no aceptaba los ultimátum y, sencillamente, ignoró aquel telegrama. Bing pasó de la impaciencia a la cólera, e informó a la prensa de que «la Metropolitan había despedido a la Callas», y eso fue lo que dijeron los periódicos y de lo que se enteró María horas antes de cantar. Aunque tenía por norma no hablar con nadie en un día de estreno, en esa ocasión se explayó con las docenas de periodistas de todo el mundo que la llamaron para confirmar aquella «sensacional noticia». Si la ira de Bing era grande, la de la Callas era aún mayor, aunque no la dejó traslucir en sus declaraciones a lo largo de todo el día. Pero sí en la representación de la noche, donde interpretó a Medea con tal furia que parecía haberse convertido en su propio personaje. Tras la función asistió a una cena que su gran amiga Mary Mead había organizado en su honor, y al llegar encontró en la puerta de la casa un equipo de televisión que la esperaba. Dedicó la noche a seguir hablando sin descanso con la prensa de todo el mundo, y continuó al día siguiente. En toda su vida había concedido tantas entrevistas ni había hablado tanto y tan seguido con tan variados interlocutores, pero esta vez se defendía con uñas y dientes, no quería otra campaña en su contra ni tener que volver a enfrentarse a públicos hostiles. Atacó a Bing desde todos los ángulos, minimizó su profesionalidad, explicó las pésimas condiciones en que había tenido que trabajar en la Metropolitan... mientras Bing, que tampoco era tímido, atacaba a su vez ofreciendo su versión y, adelantando que no pensaba iniciar una nueva batalla judicial, utilizaba el sarcasmo y la ironía para describir a María como un ser poco menos que digno de estar en un hospital psiquiátrico. Ya tenía la Callas a dos de los directores de los grandes teatros de ópera del mundo convertidos en íntimos enemigos. Ghiringhelli y Bing formaban un nuevo equipo. Pero, de momento, así quedó la cosa, y al cabo de unos días las aguas empezaron a tranquilizarse. María continuó con su gira americana y la Metropolitan continuó su temporada sin la Callas.

Cleveland, Detroit, Washington, San Francisco y Los Ángeles eran sus siguientes escalas; en diciembre, retomó su contacto con la *jet* en unas cuantas cenas organizadas por Elsa Maxwell en Nueva York, y en otra en su propio homenaje ofrecida por el embajador de Francia, pues pronto, el día 19, iba a debutar en París. Se trataba de un concierto en la Ópera a beneficio de la Legión de Honor, todo un acontecimiento social en el que las entradas se pagaron a los precios más altos de toda la historia de aquel teatro. Todo París iba a estar allí, además de otros asistentes tan ilustres como Charles Chaplin, llegado de Suiza para verla, o, especialmente,

Aristóteles Onassis, con quien esa noche iba a retomar de una forma fulgurante aquella amistad iniciada poco antes.

Onassis le envió aquel día tres enormes ramos de rosas, uno por la mañana, otro durante la comida y el tercero por la tarde poco antes de la función. El cortejo, que fue más bien una operación de acoso, había empezado. En la lujosa cena que siguió al concierto, Onassis fue uno de sus más fervientes acompañantes y el primero en felicitarla y cubrirla de elogios. María, con sus 35 años recién cumplidos, volvía a sentirse bien, importante y apreciada.

Al comenzar 1959, tres nuevos compromisos la llevaron a Estados Unidos; primero San Luis, luego Filadelfia y por último, el 29 de enero, su primera actuación en el Carnegie Hall neoyorquino para cantar *Il Pirata* con la organización de la American Opera Society. El Carnegie, para muchos «la competencia» de la Metropolitan, aprovechó la coyuntura y el enorme triunfo que María obtuvo para hacer un irónico comentario que todos los periódicos reprodujeron: agradecer a Rudolf Bing que hubiera «dejado libre a María para que pudiera cantar esa ópera en su teatro». Además, al día siguiente el alcalde de Nueva York presidió un homenaje que la ciudad le rendía como «hija distinguida». Tras estos días, tan buenos para su moral, volvió a Milán de mejor humor.

Pero ahora su vida en Milán iba a ser mucho mas tranquila, demasiado, porque tenía muy poco trabajo en perspectiva. El 16 de marzo representó y grabó su *Lucía* en Londres, y hasta mayo, cuando emprendió una gira por Alemania, no hizo nada más. Pero la gira alemana estuvo compuesta de un triunfo tras otro, y las cosas parecían volver a la normalidad. Al mes siguiente iba a volver a Londres para cantar *Medea* en el Covent Garden, con una gran producción realizada a medias, o mejor, intercambiada, con la Ópera de Dallas, que enviaba a Londres una de sus grandes producciones mientras Londres correspondía con otra: *Medea* por *Lucía*, Zeffirelli por Minotis. Y como esa poco habitual forma de intercambio interesó extraordinariamente en todo el mundo, a Bing le preocupaba, y a María le encantaba saberlo.

Mientras todo esto se preparaba, en Venecia se dio un gran baile de máscaras en su honor, una de esas fiestas de la alta sociedad que a María le entusiasmaban. Lo había organizado la condesa de Castelbarco, y entre la pléyade de millonarios, nobles y famosos que acudieron, estaban Onassis y su esposa, Tina Livanos, hija de uno de los armadores más ricos de Grecia, multimillonaria y una de las mujeres más bellas de la *jet*. Poco tenía que envidiar a María, salvo en el importante aspecto de su genio. Pero cuando durante la fiesta Tina se dio cuenta de que su marido sólo estaba pendiente de la Callas, no tardó en percibir que algo estaba ocurriendo, e inmediatamente se puso en guardia. Sólo se habían visto antes en dos ocasiones, pero notó que entre su marido y María había ya mucha confianza, y lo confirmó cuando poco después Aristóteles invitaba a los Meneghini a un crucero en el *Christina*, su superlujoso yate, al que sólo accedían amigos de confianza o personajes de especial importancia. María respondió que no podrían ir, ya que tenía que cantar en el Covent Garden, y con gran sorpresa de Tina, «Ari», que así le llamaban sus amigos, dijo a María que irían a verla. La sorpresa de su mujer se debió a que ésta sabía que Onassis odiaba cordialmente la ópera. Evidentemente, algo estaba pasando.

Sus sospechas se volvieron certeza en Londres, en la fiesta que organizó Onassis en su honor tras la actuación, y en la que se volcó con su nuevo capricho. Tan bien lo hizo, que consiguió empezar a interesar muy seriamente a María, quien al día siguiente se quitó de encima a su omnipresente marido y se fue a comer en secreto con el director del Covent, Peter Diamand, a quien dijo que a partir de ese momento ya no le enviase sus honorarios a la cuenta conjunta que tenía con su esposo, sino que guardase el dinero hasta nueva orden, porque iban a producirse, probablemente, grandes cambios en su vida. Parecía que también ella había tomado una decisión sobre Ari.

María aceptó la invitación para ir al *Christina*. La propia Tina había llamado para confirmar su presencia (probablemente para estar preparada), pero a Meneghini no le hacía ninguna gracia. Alegó que su madre estaba enferma y tenía que mantenerse en contacto con ella, pero en el barco había radioteléfono y tuvo que ceder, muy a su pesar. Sin duda, Meneghini, que como Tina tampoco era tonto, percibía también cierta electricidad en el ambiente.

El *Christina*

En aquel primer crucero en el famoso yate, María conoció a sir Winston Churchill, invitado junto con su esposa y su hija Diana, y al director general de la Fiat, Umberto Agnelli, que también estaba con su esposa. Salvo una hermana de Ari, Artemisa, no había más invitados. María vivió sus primeras tres semanas a bordo del yate que durante años sería casi su casa, y conoció un mundo de un lujo tan extremado que ni siquiera sospechaba su existencia. Un barco con accesorios de oro puro en los cuartos de baño, cuadros de cientos de millones adornando las paredes y una tripulación de sesenta personas que incluía, además de marineros y camareros de élite, dos chefs de primer nivel, uno francés y otro griego, costureras, masajistas, médicos... Era como uno de sus sueños infantiles, cuando imaginaba ser rica y famosa, sólo que este sueño era real y su contenido superaba con mucho al del original.

Pero mientras María se lo pasaba en grande, Meneghini parecía estar en el infierno. Protestando por todo, enfadado con todo el mundo y convencido de que todos le despreciaban, trataba de amargar la vida cotidiana de su mujer para «rebajar» su creciente entusiasmo, y criticaba de forma sangrienta a Aristóteles. Y de pronto, tal vez por causa del destino o sencillamente porque Onassis ordenó al capitán dirigir el barco a un determinado punto, el mar se encrespó, y la mayoría de los invitados se encerraron en sus camarotes con un mareo creciente que no afectó ni a Ari ni a María, y que les preparó un inmejorable escenario para largas horas de conversaciones juntos y para que Ari consiguiera su propósito: enamorar a su nueva y famosa amiga. Le contó toda su vida, le habló de un futuro esplendoroso y, sobre todo, le declaró su encendido amor. La «operación de acoso» tocaba a su fin, mientras Meneghini, de un vistoso color verde, pasaba el día encerrado en su camarote.

Aquel crucero fue decisivo. La vida de María había cambiado definitivamente, y acababa de conocer un nuevo mundo. Por primera vez, según ella repetiría luego hasta la saciedad, se sintió verdaderamente amada, y por primera vez sintió que amaba verdaderamente a alguien. Su decisión estaba tomada, pero ahora llegaba la parte difícil: decírselo a Meneghini, como también Ari tendría que decírselo a Tina. Y María, como siempre que tomaba una decisión, no esperó. Se lo dijo a su marido allí mismo, en el camarote del *Christina*, y se lo dijo sin rodeos: «Amo a Ari». Evidentemente fue un golpe gigantesco para el viejo industrial veronés, que se pasó el resto del crucero suplicando, lamentándose y tratando de convencerla de que era un error, un capricho. Además, por supuesto, de recordarle una y otra vez cuánto había hecho por ella, todo lo que ella le debía. Mala política, porque con eso sólo consiguió a los ojos de María que le encontrara muy parecido a su madre.

La segunda parte del viaje pareció la adaptación de una novela de Agatha Christie. Todo el mundo veía lo que estaba pasando, incluido Churchill, que se limitaba a mirar a otra parte. Cuando al fin regresaron a Venecia, María y Meneghini se fueron inmediatamente a Sirmione en un avión privado de Onassis. Y allí, al día siguiente, Titta iba a recibir la visita del griego, que fue a comunicarle con toda naturalidad que pensaba casarse con María y que no iba a permitir obstáculos. Meneghini no pudo hacer otra cosa que seguir suplicando y advirtiendo a su mujer de que iba a acabar con su carrera y a destrozar su vida, pero de nada le sirvió. Esa misma noche, María se fue con Ari a Milán, donde ella quedó esperando a que él volviera al yate para comunicárselo a Tina.

De vuelta en la Scala

Entre tanto, María tuvo que ver a su viejo enemigo Ghiringhelli, no para una reconciliación sino porque había que grabar una ópera, *La Gioconda*, en la Scala y eran necesarios ciertos preparativos. La Callas con que se encontró el director de la ópera milanesa le dejó boquiabierto. Porque al recibirla en su despacho con la frialdad y antipatía que sentía hacia ella tras su último encuentro, en lugar de encontrarse con la mujer helada, distante y cortante de tiempo atrás veía ahora ante sí a una dama encantadora, dulce, tranquila, bien educada, que se dirigía a él con respeto y a la vez como si se tratase de un viejo amigo. Le hizo tanto efecto a Ghiringhelli este cambio que a los pocos minutos había olvidado su guerra particular, firmado el armisticio e iniciado las negociaciones para el retorno de la gran diva a su teatro. Días más tarde, el 2 de septiembre, comenzaron las sesiones de grabación, y al día siguiente María se reunió con Ari, que había regresado del yate con noticias. El acoso de los *paparazzi*, un género de periodistas que se había adherido desde hacía algún tiempo a cuantos desde años atrás la perseguían, empezó a hacerse agobiante.

Días después, María confirmaba ante la prensa la ruptura total con su esposo, añadiendo que a partir de ese momento serían sus abogados quienes hablarían sobre el tema. Añadía que entre Onassis y ella sólo había una «buena amistad» (esa frasecilla leída millones de veces en las revistas rosas) y que sus frecuentes reuniones se debían a negocios, a que había recibido una propuesta de la Ópera de Montecarlo —y Montecarlo, por entonces, era casi propiedad exclusiva del griego, incluida su Ópera— además de estar juntos en el proyecto de una película. Pero Onassis, en cambio, no fue tan discreto, y habló largo y tendido de amor, de lo orgulloso que estaría si una mujer como María se enamorase de él y de lo fácil que resultaba que cualquier hombre pudiera enamorarse de ella. La prensa del corazón acababa de encontrar un filón de oro. Y entonces Meneghini pasó al contraataque, saltó a la palestra y comenzó a hacer declaración tras declaración, a conceder entrevistas y a contar detalles de su matrimonio, siempre, claro está, según su propia versión y con un aire de mártir que iba haciéndose mayor por días. «Yo creé a la Callas y ella me ha pagado con una puñalada en la espalda. Cuando la conocí era una mujer gorda y mal vestida, una refugiada, una gitana. No tenía ni un céntimo ni la menor posibilidad de hacer carrera. Tuve que alquilar un cuarto para ella en un hotel y adelantar 70 dólares para que pudiera quedarse en Italia, y ahora oigo decir que la he estado explotando...». Naturalmente, Titta se adjudicaba todo el mérito, pero olvidaba mencionar a las demás personas que habían hecho poco a poco de María quien ahora había llegado a ser. Era como si él la hubiera enseñado a cantar, a vestirse, a adquirir clase, a adelgazar... especialmente esto último, que como el lector recordará fue una decisión drástica tomada por la propia María cuando leyó aquella comparación entre sus piernas y las patas de un elefante. Y no mencionaba tampoco las innumerables veces que su peculiar forma de actuar había perjudicado a su mujer, ni hablaba del poco aprecio que el mundo de la ópera sentía por él. Pero todo eso, en aquel momento, era secundario para la prensa, que aún no se había enterado de que la «pobre víctima» Meneghini tenía a su nombre todo el dinero que María había ganado hasta entonces, así como las distintas propiedades conjuntas del matrimonio.

Los reporteros empezaron a perseguir también a Athena «Tina» Onassis, pero ésta, en cambio, permaneció en el más absoluto silencio, aunque se dejaba ver en compañía de otros caballeros de la *jet*. Faltaba Evangelia, que también podía dar carnaza a la prensa cotilla y que no tuvo inconveniente en ponerse de parte de Meneghini, a quien nunca había podido tragar, calificándole ahora poco menos que de «un santo» que había hecho por su hija lo inimaginable, y que ahora se veía abandonado como una demostración más de esa falta de «alma» de la cantante que la misma Evangelia ya había denunciado tantas veces. «Yo fui la primera víctima de María —decía—, ahora le toca a Meneghini y Onassis será el siguiente. Sólo quiere casarse con él para alimentar su ilimitada ambición».

Pero si la actitud de su madre no extrañó a nadie, sí resultó inesperada la de su «querida amiga» Elsa Maxwell, quien para general sorpresa no apoyó en forma alguna a la Callas, sino que se decantó del lado de Tina y empezó a mostrarse como una ofendida dama que se había visto metida involuntariamente en una vorágine de inmoralidad. Cuando le preguntaron si creía que Aristóteles Onassis se casaría con María, contestó con un «no» rotundo. Aquellos rumores de que la Maxwell estaba literalmente «enamorada» de María cobraron nueva fuerza entre las lenguas más viperinas y otras no tan maledicientes, que hablaban de un espectacular ataque de celos. Pero la realidad era otra: si la Maxwell a Meneghini no lo consideraba prácticamente nada, Onassis y su mujer, por el contrario, eran amigos suyos y se veía en una difícil tesitura, no sabía, en ese momento, a qué carta quedarse, qué sería mejor para ella, quién ganaría esa batalla... y ella quería estar del lado del vencedor. Sus relaciones con la *jet* mundial así lo exigían.

Entre tanto, por consejo de sus abogados y para facilitar los trámites del divorcio, María permanecía en silencio. Cuando acabó la grabación en la Scala, tomó el avión privado que Ari le había enviado y partió hacia el *Christina* para reunirse con él. Tina se había llevado unos días antes a sus hijos a París sin decirle nada a Aristóteles, y aunque éste había seguido buscando una reconciliación —cosa que, naturalmente, María ignoraba—, Tina no aceptó siquiera hablar con él. Esto molestó al griego, que era constantemente acosado por la prensa sobre su posible ruptura con Athena Livanos, cuyo padre era uno de los más antiguos y ricos armadores griegos, y en un momento de irritación ante tanta pregunta sobre cómo se atrevía a abandonar a Tina y si eso no acarrearía consecuencias para sus negocios, hizo una declaración en la que menospreciaba a su suegro, Stavros Livanos, diciendo poco menos que estaba en la ruina. Más leña al fuego.

En el *Christina*, bautizado así en honor de la hija mayor de Onassis, sólo se encontraban la hermana de éste, Artemisa, y su esposo, Theodore Garoufadis. Y en medio de la vorágine que se había desatado, María era la única que parecía feliz, despreocupada, como una joven enamorada pendiente sólo de su amado. Lo cierto es que estaba harta de tanta guerra en su vida, y se estaba tomando su primer «descanso» verdadero, haciendo exclusivamente lo que le daba la gana sin contar para nada con nadie, excepto con su flamante «novio». Pensaba sinceramente que había encontrado el amor de su vida, y eso tenía para ella más importancia, incluso, que su propia carrera. Cuando ya había empezado a pensar que para ella no había nada más, había descubierto que no era así, y estaba dispuesta a aprovecharlo.

El crucero se vio temporalmente interrumpido al tener que ir Onassis a una reunión de su consejo de administración y María a realizar una actuación en Bilbao. Cada uno cogió un avión y se fueron a cumplir sus compromisos con la mayor presteza, para volver cuanto antes. En el aeropuerto de Atenas, María cometió el desliz de decir a los periodistas que tenía que ir a España para cumplir «un pequeño contrato tonto», lo que evidentemente no sentó nada bien a los españoles, con lo que la prensa del país se puso inmediatamente en su contra. Pero para cuando arreciaron las críticas, una vez terminado el concierto de Bilbao, en el que María se mostró fría e indiferente ante un público bastante indignado con ella y evidentemente poco receptivo, ya estaba de vuelta en el *Christina* como si nada hubiera pasado.

Desembarcaron en Montecarlo, y desde allí voló María a Londres para cantar en el Royal Festival Hall el 23 de septiembre. Estaba radiante, y su actuación fue calificada como una de las más memorables noches de música celebradas en Londres. En aquel momento ya lucía un brazalete que llegaría a ser famoso; se lo había regalado Ari, y llevaba inscritas cuatro letras: TMWL, «To María With Love». Ella estaba muy orgullosa, pero pronto se enteraría de que Tina tenía otro idéntico con las siglas TTWL, y años más tarde sabría que también Jackie Kennedy tuvo otro igual. Ari utilizaba aquel modelo de brazalete como si de un collar de perro se tratase: para distinguir a sus mujeres... y que se supiera que eran suyas.

Maria volvió entonces a Estados Unidos para actuar en Kansas City y Dallas; para llevarse la sorpresa de que su querida Elsa Maxwell encabezaba su columna diciendo: «Esa tan cacareada diva llega a América». Semejante desprecio, en otro tiempo, le habría sentado muy mal, pero en ese momento le dio lo mismo. Había viajado a América casi «a la fuerza», con evidente desgana, y eso se notó. El 6 de noviembre cantaba en Dallas la *Lucía de Lammermoor* producida por Zeffirelli e «intercambiada» con el Covent Garden; aquella noche cometió un grave fallo al romper una nota, lo que provocó el estupor del público. Cuando volvía al camerino repitió la nota y la cantó hasta cinco veces, pero el hecho era que en escena había fallado. Estaba descuidando su voz, falta de ensayos, y aquél era un primer síntoma evidente de que tendría que tomar medidas. Dos días después, para la segunda representación, no quiso correr riesgos y eludió la nota conflictiva. Era la primera de una serie de omisiones que vendrían. Ya no le valía la pena esforzarse tanto; quería vivir para sí misma además de para los constantes ensayos y el sacrificio permanente de la profesionalidad absoluta. Tres días después canceló la última actuación que tenía prevista, *Il barbiere di Siviglia*, y volvió a Milán.

Dos procedimientos muy desagradables

Memenghini, entre tanto, había presentado una demanda de separación legal. La vista se celebró el 14 de noviembre en Brescia, y una multitud se apiñaba ante el juzgado. Meneghini llegó el primero, con cara de víctima y contando a los periodistas la cantidad de cartas de apoyo que estaba recibiendo y en las que le felicitaban por haber conseguido «librarse de ella». La multitud le vitoreaba, pero de pronto llegó María y se hizo el silencio. Seis horas más tarde concluía la audiencia, en la que el juez, tras comprobar que no habría reconciliación, procedió al reparto de los bienes del matrimonio. No hubo grandes discusiones; aunque Meneghini había solicitado en su demanda una separación en juicio, tras hablar con María ante el juez aceptó que se hiciera de mutuo acuerdo. Ella se quedaba con la casa de Milán, la mayor parte de sus joyas y los dos perritos que la pareja tenía, mientras él pasaba a ser único propietario del resto de los inmuebles, repartiéndose a partes iguales los cuadros, los muebles y los objetos de valor.

Casi simultáneamente, Athena Onassis presentaba en Nueva York una demanda de divorcio contra su marido, alegando adulterio, y el 25 de noviembre celebró una rueda de prensa en la que dijo:

Hace casi trece años que el señor Onassis y yo nos casamos en Nueva York; desde entonces se ha convertido en uno de los hombres más ricos del mundo, pero su riqueza no ha traído la felicidad para mí ni le ha dado a él la felicidad conmigo. Cuando este verano nos separamos en Venecia, tenía la esperanza de que su amor por sus hijos y su respeto a nuestra intimidad sirviera para que pudiéramos resolver nuestros problemas de forma digna y discreta, pero no ha sido así. El señor Onassis sabe muy bien que no necesito su riqueza y que lo único que me interesa es el bienestar de mis hijos, por lo que no me deja otra opción que pedir el divorcio en Nueva York. Le deseo que, cuando esto concluya, pueda llevar de una forma feliz la vida que al parecer ha elegido. No diré nada más y sólo pido que nos dejen en paz a mí y a mis hijos.

La suerte estaba echada.

Se produjo una sorpresa general; cuando todos esperaban que Tina, en su demanda, acusara a la Callas de ser la protagonista del adulterio con su marido, resultó que, en cambio, acusó a una tal «señora J.R.», que la prensa no tardó en identificar como Jeanne Rhinelander, una ex amante de Onassis que había sido amiga de Tina y a quien ésta, cinco años atrás, había encontrado en compañía de su esposo en circunstancias muy comprometedoras. Y ahora era el momento de vengarse de su ex amiga y de su infiel marido. Viejas cuentas en las que María nada tenía que ver, y puede que, incluso, su romance con Ari le hubiera venido bien a Tina para librarse de él. Además, haberla citado a ella hubiera hecho que el escándalo fuera aún mayor, y Tina no buscaba un escándalo, sino quedar libre de Onassis cuanto antes.

A partir de su separación, a María le llovieron ofertas de nuevos posibles *managers* o administradores que se ofrecían para cubrir el puesto de Meneghini, y fue Sander Gorlinsky, el hombre que abrió para ella las puertas del Covent Garden, quien se quedó con el ansiado puesto. Pero María no estaba feliz, y el proceso se le estaba haciendo difícil. Y más aún cuando empezó a notar que, si bien ella quería conseguir su divorcio cuanto antes, a Ari no parecía ocurrirle lo mismo. Seguía llamando a Tina cada día, y eso a María le parecía muy extraño. Y de pronto, cuando se conoció la demanda de Tina, Ari cambió su comportamiento. De mostrarse en público completamente enamorado de la Callas, pasó a ser un hombre discreto que trataba de evitar que le vieran con ella y que incluso dijo a los periodistas que «encontraba justificada la reacción de su esposa, y que haría cuanto estuviese en su mano para llegar a un arreglo amistoso». Inmediatamente hubo quien comenzó a analizar la situación, y surgió la nueva «teoría» de que Onassis acababa de darse cuenta de que se había metido en una guerra muy peligrosa, puesto que Stavros Livanos era, cuanto menos, tan poderoso como él, y eso podía costarle cientos de millones de dólares.

María no entendía lo que estaba pasando, y que no era otra cosa que el intento por parte de Onassis de reconciliarse con su esposa y evitar un divorcio cuyas consecuencias podían ser inesperadas. Sin querer ver la realidad, volvió a Milán en un mar de dudas, y allí pasó su trigésimo sexto cumpleaños, pero no con Onassis, sino con su ex marido, que seguía haciendo lo posible por recuperarla. En aquel momento Maria debería haberse dado cuenta de lo que iba a suceder años después, pero para su desgracia, no lo hizo.

Tebaldi vuelve a la Scala

Hacía cinco años que Renata Tebaldi se había dado por vencida y había decidido no volver a la Scala para no competir con María. Pero había llegado el momento de volver. Renata había captado inmediatamente el comienzo de la decadencia de su gran rival, y le había perdido el miedo. Así que decidió, con gran alegría de Ghiringhelli, volver al gran teatro milanés con una *Tosca* que causó sensación. Y cuando María leyó las críticas, abrió los ojos. Ella misma había permitido que tal cosa ocurriera, y que la Tebaldi, de nuevo, empezara a ser su pesadilla profesional. En principio no lo lamentó, sino que más bien se alegró de estar fuera de aquella guerra que no quería recomenzar; ahora prefería vivir su recién estrenada vida, pero a la vez percibía una cierta sensación de miedo: si el futuro con Ari no salía bien, ¿qué sería de ella?... Y decidió no dejarlo todo al azar y retomar, aunque fuese de forma más tranquila que hasta entonces, su carrera. Y si ya había hecho las paces con Ghiringhelli, ahora las haría con Rudolf Bing, con la intención de volver a la Metropolitan. Hacía tiempo que ya había vuelto a reanudar una civilizada relación con el norteamericano, pero sin hablar de trabajo. Ahora decidió ir más lejos. Y Bing aceptó volver a los viejos tiempos y tener de nuevo a María, a la que notaba más «normal», en su círculo. Además, ya no estaba el molesto Meneghini, causa directa de muchos de los problemas anteriores.

Durante estas semanas María estaba sola. Onassis andaba de ciudad en ciudad, perseguido siempre por una legión de *paparazzi* que no cesaban de publicar noticias molestas o comprometedoras. Por la prensa se enteró María de que había sido «pescado» cenando con Jeanne Rhinelander, la protagonista de la demanda de Tina. Recibía luego toda clase de explicaciones del griego, pero después todo continuaba igual. De esta peculiar forma la relación entre ambos empezó a adquirir la rutina que ya iba a ser norma para el futuro. De vez en cuando Ari la mandaba a buscar, estaba con ella unos días y la facturaba de vuelta, para seguir su vida libre como un pajarito. Pero María estaba tan enamorada, o veía en Ari una liberación tal de su vida anterior, que aceptó esas poco gratificantes condiciones.

Cuando 1960 comenzaba, con el nuevo año nacieron también las especulaciones y comentarios sobre la nueva vida de María. Su madre acababa de publicar un libro, *My daughter, María Callas*, en el que seguía floreando sus viejas recriminaciones y acusaciones; por otro lado, no tenía contratos en perspectiva, parecía haber perdido el interés por su trabajo y había quien adelantaba una próxima, quizá inminente, retirada. Y a estas especulaciones vino a unirse en aquellos días algo que ya se esperaba desde su última actuación en Dallas: su primera gran crisis de voz. Cuando ensayaba y trataba de cantar, no podía. Un terrible dolor atacaba su cabeza, a causa de una antigua sinusitis que se le había convertido en crónica posiblemente por sus largas estancias en el mar, a bordo del *Christina*. Fue en ese momento cuando María empezó a pensar seriamente, por primera vez en su vida, en retirarse. Pasaba la mayor parte del tiempo en el barco de Onassis, pero sola, porque él aparecía por allí sólo de cuando en cuando. El barco se estaba convirtiendo en su hogar, pero no era el hogar que siempre había soñado. Ni siquiera era un hogar «fijo». Aquella nueva vida le brindaba, sin embargo, todo aquello que poco antes la había deslumbrado; por el *Christina* pasaban docenas de personajes que le encantaba conocer; allí había sido presentada a Winston Chrurchill, y allí conoció luego, entre

116

otros muchos, a reyes como Faruk, el Aga Khan y la Begum, la maharaní de Baroda o el rey Pedro de Yugoslavia, o a estrellas archifamosas como Ava Gardner, Cary Grant, Greta Garbo o Marlene Dietrich. Los invitados de Ari no eran precisamente unos desgraciados. Esto la ayudó a superar la primera crisis, la de los días duros de los procesos de divorcio.

La primera mitad de 1960 la pasó María, casi en su totalidad, en el barco, sin trabajar y sin siquiera darse una vuelta por su casa de Milán. Onassis había intentado por última vez reconciliarse con su mujer, pero sin conseguirlo; finalmente renunció y el divorcio fue un hecho. Aunque ello no iba a suponer cambio alguno para María, al menos desde ese momento empezó a pasar más tiempo con ella.

Volver a cantar

Tras aquellos seis meses de *dolce vita*, algo en su interior le dijo que no debía retirarse completamente, y decidió garbar un nuevo disco en Londres. Pero lo que resultó fue tan poco de su gusto que no dio permiso para que se editara. Fue un golpe para su autoconfianza, pero no se rindió y aceptó una oferta para actuar en Bélgica, en Ostende. Nunca debió haberlo hecho, porque de pronto se dio cuenta de que no estaba en condiciones de cantar. No tenía voz, o su voz se negaba a salir. Suspendió el recital y cayó en una depresión seria. Había aceptado cantar dos *Normas* en Grecia, en Epidauro, a instancias de Ari, que ansiaba «lucirla» en su tierra y ante su gente, y a María le causaba auténtico pavor lo que podía ocurrir. Fracasar ante Onassis, ante los griegos y con él a su lado sería como trasladar al propio Ari ese fracaso, y las consecuencias de tal cosa eran imprevisibles. Pero una vez más su fuerza de voluntad hizo acto de presencia. Se tranquilizó y volvió a aplicarse a preparar su voz, aunque esta vez alternando los ensayos con las constantes fiestas a las que Onassis la llevaba por toda Europa.

La primera noche de las representaciones en Epidauro hubo suspensión, pero no por culpa de María, sino de una lluvia torrencial que impidió la celebración del espectáculo, que era al aire libre, en el estadio de fútbol. Al segundo intento, en el antiguo teatro griego y también al aire libre, hubo más suerte. El público acogió a María como a una diosa, y ésta lo agradeció cantando una *Norma* histórica. De repente, sin previo aviso, había recuperado todo su genio, toda su fuerza, en su propia tierra, junto a su amado y ante sus viejos compatriotas «de sangre». Una especie de milagro que muchos hubieran deseado que no se produjera.

Tenía que cantar la segunda *Norma* cuatro días más tarde, pero en esos tres días, eufórica, no tuvo cuidado alguno y en uno de sus paseos por el campo cogió una fuerte insolación. El médico le prohibió cantar a causa de la fiebre alta que le sobrevino, pero ella se negó en redondo a anular la representación, salió a escena y volvió a triunfar. Y como regalo a aquel público que le había devuelto su personalidad, donó los honorarios de ambas representaciones para la creación de un fondo de becas para músicos jóvenes. Abandonó Grecia convertida en una heroína, que era lo que Ari quería, y con su autoestima y su confianza en sí misma recuperadas, que era lo que quería ella misma.

Renace la Callas

Y, radiante, volvió a Milán, dispuesta a grabar en la Scala una *Norma* que hiciera historia. De nuevo estaba con ella Tulio Serafin, como una especie de confirmación de que volvían los buenos tiempos, y también de nuevo se puso a preparar una gran producción junto a su querido Visconti, *Poliuto*, de Donizetti. Pero cuando iban a comenzar los ensayos, Visconti anunció que se retiraba de la producción en protesta por la censura a la que el Gobierno italiano le estaba sometiendo, tanto en el cine como en el teatro. El director anunció que su trabajo artístico en Italia había terminado y que dejaba el país. Pidió perdón a María por los inconvenientes que su decisión pudiera causarle, y ésta le perdonó de buen grado, pues su amistad seguía siendo firme y el respeto por los deseos de él tenía más importancia que la ilusión de ella. Herbert Graf se hizo cargo de la situación, y fue designado para dirigir el esperado retorno de María a la Scala tras dos años y medio de ausencia, mientras la producción pasó a ser responsabilidad de Nicola Benois.

El esperadísimo debut reunía esta vez a los grandes de la ópera con los grandes del nuevo mundo de María, la *jet*, encabezados por Onassis, que se encargó de invitar personalmente a un nutrido e importante grupo de personalidades mundialmente famosas. Allí estaban Rainiero y Grace de Mónaco, el Aga Khan y la Begum, y hasta la volátil Elsa Maxwell, quien finalmente había decidido dar otra vuelta de tuerca y aceptar el idilio Onassis-Callas, que tan mal le había sentado. Por la cuenta que le traía, no quería que Onassis la «diera de baja» en su selecto círculo y, tragándose su dignidad una vez más, volvió a convertirse en «amiga incondicional» de la Callas.

Pero también estaba allí el duro y exigente público de la Scala, y ése sí que no iba a perdonarle desliz alguno; María lo sabía y estaba mucho más nerviosa por el público habitual que por la conste-lación de famosos presentes. Había comenzado a ensayar como antes, de forma intensiva y agotadora para todos... excepto para ella misma, que de nuevo parecía incansable, como en su mejor época. Su fuego interior ardía otra vez, pero el miedo que sentía ante esta difícil reaparición era mayor que su confianza en no cometer algún error. Por eso, preparó un *Poliuto* más fácil que otras veces, con menos riesgos. Y afortunadamente, triunfó en su debut y salvó sin problemas las representaciones restantes, en las que ya no tuvo que soportar la presión de la marea de prensa rosa del primer día.

Pero para todos empezaba a ser evidente que la Callas de antes ya no existía, que la decadencia había comenzado, lenta, casi imperceptible, aunque obvia para los verdaderos entendidos. A principios de 1961, llegó a un acuerdo con la Scala para hacer en primavera *Beatrice di Tenda*, de Bellini, y firmó también con la Ópera de Dallas para cantar *Orfeo* en el siguiente otoño. Estaba retomando su vida anterior, pero Onassis también tenía sus propios proyectos para ella.

La ópera y el cine

Meses atrás, le habían ofrecido un papel dramático en la pelí-cula *Los cañones de Navarone*, que no aceptó, pero aquella oferta se convirtió poco a poco en una obsesión para Onassis, que acabó empecinado con que María hiciera una película, lo que según él permitiría que la conociera todo el planeta, cosa que no podía ocurrir en el teatro. Su proyecto de la Ópera de Montecarlo, uno de los «trucos» para engatusarla en los primeros momentos del romance, estaba «temporalmente» olvidado, mientras el griego ponía ahora todo su empeño en hacer una película sobre la obra de Hans Gabe *La primadonna*, en la que naturalmente María sería la protagonista. Para Ari, el cine era mucho más importante que la aburrida ópera, y estaba decidido a encarrilar a su amante por esa nueva vía, incluso sin contar con ella. Le gustaba la música popular, pero no la ópera, y empezó a exteriorizar sus verdaderos sentimientos hacia ésta, y a cambiar de conversación cuando alguien tocaba el tema. Además, parecía sentirse abrumado ante su novia, a la que todos miraban con enorme respeto cuando se hablaba de música, dejándole a él a un lado, algo que no podía soportar. Pero a pesar de ello, la vida entre ambos seguía siendo, por encima de todo, gratificante. María estaba cada vez más encantada, cada día iba conociendo mejor ese otro mundo del dinero y la gente importante, y aumentaba su círculo de amigos sin cesar. Entre ellos, dos personas que iban a convertirse en sus mejores amigos casi durante el resto de su vida: Panaghis Vergottis y Maggie van Zuylen, viejos amigos de Ari, que la introdujeron definitivamente en los círculos más cultos y selectos. Vergottis, un multimillonario de 71 años en ese momento, llegaría a ser como un segundo padre para ella... y también un triste problema al final de la historia.

En agosto de aquel extraño 1961, hizo una nueva visita a Epidauro para cantar *Medea*, con la producción de Minotis. El estreno, previsto para el día 6, era un suceso nacional, con numerosos invitados extranjeros ilustres. Pero el que no asistió, para general sorpresa, fue Onassis. Minutos antes de empezar, María recibió la noticia de que estaba en el *Christina* por cuestión de negocios, aunque la verdadera razón de su ausencia era que ya se había cansado de los grandes debuts, las fiestas posteriores y el mundo operístico en general, en el que él no era más que un figurante. María obtuvo un triunfo que hizo historia en Grecia, el mayor que consiguió en ese país.

En la segunda representación, una semana después y ya sin los oropeles del estreno, Onassis sí estaba presente. Al terminar, de nuevo con un triunfo, se fue con él en el barco, y mientras ella navegaba feliz con su amado Ari, Meneghini, que no acababa de hacerse a la idea de vivir en el ostracismo, interpuso una nueva demanda ante los tribunales milaneses con la intención de anular la separación por mutuo acuerdo y conseguir una orden de separación que reconociera la responsabilidad de María en la ruptura de su matrimonio. Alegaba que ésta había incumplido la orden del primer tribunal, que les obligaba a seguir siendo fieles el uno al otro hasta que el divorcio se hiciera efectivo, como marcaban las leyes italianas. Le ponía enfermo ver en la prensa día tras día a María en su nueva vida y con sus nuevas amistades. Así que decidió seguir siendo una auténtica pesadilla para su ex mujer, tarea que no abandonaría ya nunca. Por suerte, Tina Livanos no resultó tan agobiante, y en octubre de aquel año se casó con un aristócrata inglés, el marqués de Blanford, poniendo fin a su batalla particular.

La Callas volvió a Londres a fines de octubre para grabar una selección de arias, pero una vez más la cosa no quedó a su gusto y no autorizó su edición. De ahí, de nuevo a la Scala para una nueva *Medea*, que se estrenó el 11 de diciembre con una María en no muy buenas condiciones. Salvó la situación recurriendo al histrionismo, porque el horrible dolor que le provocaba su sinusitis crónica había vuelto, y en ciertos momentos casi tuvo que abandonar el escenario, consiguiendo aguantar gracias a sus dotes dramáticas. Tras la segunda representación ya no pudo más, y tuvo que ser operada de urgencia. Ari tampoco estaba esa vez a su lado. A comienzos del nuevo año, volvió a tratar con Onassis el espinoso tema del matrimonio y de la posibilidad de tener por fin una casa donde vivir, en lugar de andar siempre saltando de hotel en hotel con intermedios en el barco. Pero la respuesta de Onassis siguió siendo la misma: «Pronto, pronto...», y la eterna sensación de soledad de María, enterrada desde que había conocido a Onassis, empezó a vislumbrarse de nuevo en el horizonte.

Otro año de dudas

Cuando todo parecía indicar tan sólo unos meses antes que la gran María Callas había renacido, había superado su época más difícil, y tras unos éxitos que así lo hacían creer, las nubes negras volvieron. La inseguridad y las dudas la acechaban una vez más, y aunque no echaba de menos su vida anterior, empezaba a sentir hastío de la nueva. No todo en el universo de la *jet* era divertido, y lo que sí lo era acababa hartándola de tanto repetirlo. Por otra parte sus relaciones con Ari, aunque no empeoraban, tampoco parecían poder ir más allá. No comprendía por qué se negaba a casarse con ella, aunque sospechaba que podría deberse a la aversión que los dos hijos del naviero, Alejandro y Christina, le demostraban. La consideraban la culpable de la ruptura de sus padres, y no parecía que fueran a aceptarla jamás. Onassis no podía permitirse eso, porque adoraba a sus hijos y lo último que quería era que sus relaciones con ellos, ya bastante deterioradas, se rompieran completamente. O al menos eso era lo que dejaba traslucir.

En febrero estaba de nuevo en Londres para cantar *Oberon*, y también fue su primer «fracaso relativo» en Inglaterra. La producción, modernista, no gustó a nadie, y la crítica la destrozó; tal vez si esa producción hubiera sido más adecuada, María habría salvado el tipo con más facilidad, pero el hecho es que, sin recibir críticas duras, tampoco recibió los halagos de costumbre. Y lo peor fue que aquella frialdad sirvió para que también en Inglaterra empezara a comentarse que su voz y sus facultades ya no eran las de antes.

Triste y abrumada, se fue a Alemania para una breve visita de diez días, tras la que regresó a Londres para volver a grabar una serie de arias, esta vez de mezzo soprano. Una demostración más, para muchos, de que algo serio estaba pasando con su voz. Porque aun siendo prefecto su trabajo como mezzo, su desgracia era que a ella siempre le iban a exigir más. Era el peso de haber sido la primera, la más grande y perfecta soprano del mundo. Ésa iba a ser su cruz particular en adelante.

De nuevo en Londres, recibió la noticia de que su madre había intentado suicidarse tomando una sobredosis de somníferos, pero ni con eso consiguió que María la llamara, y aunque al mes siguiente ésta fue a Nueva York, no quiso verla. Quizá sospechó que se trataba de una argucia de su madre, o simplemente era que María estaba tan harta de ella que ni en una situación que podría considerarse «límite» era capaz de intentar una reconciliación.

VII. JACKIE KENNEDY

Allí, en Nueva York, en mayo de 1962, se celebraba en el Madison Square Garden una gran fiesta en honor del presidente Kennedy con motivo de su cumpleaños, esa inolvidable fiesta en la que Marilyn Monroe eclipsó a todo el mundo con aquel *Happy Birthday Mr. President* que ha pasado a la historia. Allí cantó también María dos canciones, y volvió a Italia sin sospechar que acababa de conocer a la mujer que años más tarde la sustituiría. Y tal vez aquel encuentro fue una especie de maldición para ella, porque en Italia la esperaba uno de los peores momentos de su vida.

El dolor

María ya sabía lo que era el dolor el dolor físico, el que su sinutis le provocaba cuando sufría uno de aquellos inesperados ataques. Aunque la habían operado, el mal no había desaparecido, y periódicamente se reproducía. Y eso ocurrió en Milán, poco antes de tener que cantar por dos veces *Medea*. Los ensayos ya fueron un infierno, pues las notas altas le producían un dolor insoportable, pero lo peor llegó la primera noche, en el mismo instante en que empezó a cantar. Con la primera frase su voz se quebró, y toda la representación fue una pesadilla. Como no se dieron explicaciones porque María no quería que parecieran una excusa, las críticas fueron sangrantes.

Le daba miedo comprometerse para una nueva ópera, pero comprendía que tampoco podía quedarse encerrada en casa eternamente, aunque tras muchas y muy variadas ofertas que estudió con todo detenimiento para elegir la más conveniente a su estado, no se decidió por ninguna. Estuvo en negociaciones con la Scala y con el Covent, dando largas a unos y a otros, prolongando las negociaciones lo más posible. Había vuelto al *Christina*, y allí pasó los siguientes cinco meses sin atreverse a volver a su antiguo mundo. Finalmente, en noviembre, aceptó ir al Covent para un recital compartido en el que cantó tres piezas, y después de eso, otros seis meses de aislamiento y silencio. Y al final de aquel año de 1962, tan negro para su carrera, recibió una comunicación del Welfare Department de Nueva York por la que la informaban de que su madre había solicitado asistencia pública, y que según la ley ella era responsable de su mantenimiento hasta donde pudiera contribuir. Aquello fue para María el colmo. Pero, temiendo un nuevo escándalo si la prensa se enteraba de que su madre era poco menos que una mendiga, escribió una carta a su padrino urgiéndole a que tratase de llegar a un acuerdo con Evangelia, siempre que ésta jurase guardar silencio y dejase de incordiarla. Lao Lantzounis siguió sus instrucciones, y a finales de enero de 1963 le comunicó que había citado a Evangelia y al representante de la Beneficencia para cerrar el trato. Lantzounis había advertido a Evangelia de que una sola declaración o cualquier acto que supusiese publicidad iría acompañado del cese inmediato de la pensión que iban a pasarle, 200 dólares al mes, con la promesa de que si durante un año no rompía el trato la pensión se aumentaría. Naturalmente, Evangelia no pudo resistirse a una interesante entrevista con la revista italiana *Gente*, donde apareció a las pocas semanas lamentándose de su desgracia y de la avaricia de su hija. Hubo que subirle la pensión, pues a María le daba miedo que aquello sentara mal a Onassis, quien lógicamente no iba a sentirse muy feliz de verse relacionado con semejante asunto.

Aquel negro comienzo del año 1963 venía acompañado de una falta casi total de trabajo para María, que volvió a dedicar la totalidad de su tiempo a compartir con Onassis su ajetreada vida social, intentando por todos los medios conservar lo único que le quedaba: su relación con el griego. No obstante, trataba de seguir ensayando en cuanto tenía tiempo libre, pensando en recuperar

algún día todo el terreno perdido. Aceptó realizar nuevas grabaciones y hacer una gira por Europa entre el 17 de mayo y el 9 de
junio, una serie de conciertos «sencillos» que no suponían un gran
riesgo de que su voz pudiera fallar.

Meneghini había fallado de nuevo, y el tribunal milanés des-
estimó su última demanda, con la que había pretendido anular el
anterior acuerdo mutuo de separación y llevar a María a juicio.
Perder esta ocasión de despojar a María de todo le sentó aún
peor, y comenzó a vender entrevistas a diversos medios en las
que decía que Onassis había abandonado a María por Lee
Ratziwill, una de sus amigas comunes, hermana de la mujer del
presidente de los Estados Unidos. El pequeño detalle de que tal
cosa fuera completamente falsa no impedía que Meneghini la
repitiera por todas partes. Si bien era cierto que Lee y Ari estaban a menudo juntos, también lo es que el marido de ésta solía
estar siempre con ellos, en el *Christina* o en tierra firme. Pero los
comentarios de Meneghini hicieron que la prensa norteamericana
empezase a especular, y como las elecciones estaban próximas,
J. F. K. pidió a su esposa Jackie que dijese a su hermana que se
condujese con más discreción. Justo entonces, Jackie tuvo un
hijo prematuro que murió al día siguiente de nacer, y Lee voló
para estar con ella y ofrecerle, de parte de Onassis, la posibilidad
de pasar con su esposo el presidente unos días en el *Christina*,
para que se entretuviera y superara mejor el trance. Jackie aceptó
encantada la invitación, pero no así su marido, quien recordaba
pasados problemas entre Onassis y la Administración norteamericana, que le había acusado de evadir ciertos impuestos que
debía haber pagado en Estados Unidos. Con las elecciones tan
cerca, no podía arriesgarse a ir al yate del griego, pero permitió
que su esposa viajara sola.

Entre tanto, María escribió a su padrino Lantzounis, que se
mostraba preocupado por lo que leía sobre Meneghini y sus
abundantes declaraciones, contándole cómo era en realidad su
esposo. Le envió una carta en la que le decía lo siguiente:

Mi esposo sigue molestándome, no ha tenido suficiente con
quedarse con más de la mitad de mi dinero, porque lo había

puesto todo a su nombre desde que nos casamos. Él ha creado y aprovechado este escándalo con el único fin de tenerme siempre en los juzgados, porque lo que pretende es quedarse con todo. Si en lugar de en Italia me hubiese casado en América, esto no me habría sucedido. He sido una tonta casándome en Italia, y más tonta aún por haber confiado en él.

Jackie Kennedy, su nueva pesadilla

Meneghini había conseguido en parte lo que se proponía: «ensuciar» la relación entre su ex mujer y el naviero. Había sembrado en María ciertas dudas; discutió con Onassis sobre la conveniencia de aquel crucero con las hermanas Bouvier y, finalmente, dijo que no quería ir. El griego contestó que en tal caso, él tampoco iría. Pero, por supuesto, fue. Jackie Kennedy llegó al *Christina* a principios de octubre, y el barco zarpó con una nube de periodistas en el puerto. Onassis declaró que irían donde Jacqueline quisiera, que estaban todos a sus órdenes y que ella era la capitana en aquel viaje, en el que también iban los Radziwill, el subsecretario de Comercio norteamericano, Frank Roosvelt, junto con su esposa (Roosvelt estaba allí por orden de Kennedy, para «suavizar» la situación ante la prensa) y unos cuantos amigos más. Quien no estaba a bordo era María, que se había marchado a París mientras durase aquel viaje. Y allí pudo leer en todas las revistas de Europa el sonado acontecimiento social del que voluntariamente se había excluido.

Una de las escalas fue en Esmirna, lugar de nacimiento de Ari, quien fue «obligado» por todos a bajar del barco y acompañarles, aun cuando se había ofrecido a permanecer siempre a bordo para evitar los agobios de la prensa. Pero fue él mismo quien hizo de cicerone de la primera dama, y lógicamente fueron perseguidos por la eterna manada de *paparazzi*. Y si por un lado María se comía los nervios en París, por otro el presidente Kennedy ordenó a su esposa que volviera inmediatamente a los Estados Unidos. María llamó también a Onassis para preguntarle qué era todo aquello, qué estaba ocurriendo...

El crucero terminó, y la última noche el millonario griego hizo unos regalos a sus invitados. Pero el de Jackie escapaba a toda lógica: una montaña de carísimos obsequios con la guinda de un gran collar de diamantes y rubíes. La angustia de María se convirtió en furia. Hubo una gran discusión, pero finalmente se reconcilió con Ari tras escuchar toda una serie de explicaciones muy similares a las que había escuchado en su día Tina Livanos. Estuvieron juntos unos días, pero Onassis volvió a marcharse para atender diversos negocios, entre ellos la botadura de uno de sus superpetroleros, construido en Hamburgo. Allí se enteró del asesinato de John Fitzgerald Kennedy, e inmediatamente voló a Estados Unidos para mostrar su dolor a la viuda. Se las arregló para cenar aquella misma noche en la Casa Blanca, donde conoció al resto de la famila, a Robert, a Rose Kennedy, a numerosos políticos cercanos al clan... y sembró unas cuantas posibilidades para el futuro. Luego volvió a París, donde llegó justo a tiempo para celebrar el cumpleaños de María, a la que encontró llena de miedos y dudas, pues ya se había dado cuenta de que el comportamiento de Onassis con ella era el mismo que había mostrado con su anterior mujer. A partir de ese momento Ari iba a estar «saltando» de una a otra, de María a Jacqueline y de Jacqueline a María; su nuevo capricho era también una mujer famosa, aún más que la Callas, y además era una mujer ante la cual no corría el riesgo de sentirse minimizado, como le ocurría con María. Jacqueline Kennedy, al fin y al cabo, no era más que una mujer famosa por ser esposa del presidente de los Estados Unidos, pero ni hacía nada especial ni, probablemente, lo haría nunca. Aunque en aquel momento estaba claro que Onassis no pensaba dejar aún a María, porque tal cosa hubiera evidenciado que había algo entre Jackie y él, y eso podría convertirse en un escándalo de proporciones cósmicas, también resultaba evidente que el futuro de María con Onassis no iba a ser un camino de rosas.

Volver a empezar

Para María era ya tan evidente lo que estaba pasando, que tomó la decisión de ser fuerte y volver a empezar, retornar a su vida anterior, volver a la ópera, a sus ensayos y a su trabajo intensivo. El Covent Garden le había propuesto cantar *Tosca*, y decidió llamar a David Webster para decirle que sí, que aceptaba, pero con una condición: tenía que ser inmediatamente. Porque era en ese momento cuando necesitaba de forma desesperada refugiarse en el trabajo. Y pidió hacerlo con Zeffirelli, que se encontraba en Londres montando una nueva producción de *Rigoletto*. Aunque todo el mundo se opuso a esas prisas, tanto el director del Covent como Zeffirelli accedieron entusiasmados a los deseos de María, y consiguieron convencer a todos de que en seis semanas podría estar lista la nueva producción.

Empezaron los ensayos, y María volvió a sentirse feliz después de unos meses agónicos. Tito Gobbi era el elegido para hacer el papel de Scarpia, y con gran alegría de María aceptó encantado, y Zeffirelli, entre tanto, se desvivía por conseguir hacer la mejor producción de su vida para celebrar así el retorno de la gran diva. De hecho, la Callas creó un personaje sublime, su mejor Tosca, volcándose como nunca en el lado dramático de su interpretación, y esforzándose al máximo por poner de nuevo su voz en la cumbre en la que antaño estuvo.

Según la noche del estreno iba acercándose, el miedo volvía a apoderarse poco a poco de María. A última hora, cogió una bronquitis acompañada de fiebre, y el 21 de enero de 1964, día del estreno, amaneció con 38 grados. Pero de ninguna manera iba esa vez a permitir que un contratiempo le estropease la vuelta a su propia vida; acababa de cumplir cuarenta años y de decidir que quería volver a nacer. Y la noche de su nueva *Tosca* en el Covent fue todo lo grandiosa, todo lo histórica que Zeffirelli, Webster y sobre todo ella misma se habían propuesto. Para unos críticos, aquella *Tosca* fue la mejor creación dramática de María en toda su carrera, mientras otros decían cosas como que «ninguna otra cantante viva podría acercársele a una milla», y unos y otros, de forma unánime, afirmaban que su voz no sólo había vuelto a la altura de antes, sino que había sonado más cálida y vibrante que nunca. Todos los sinsabores recientes, las horribles críticas de los dos últimos años, las predicciones de que su carrera había concluido quedaron repentinamente convertidas en humo, como si no hubieran existido nunca.

María, con su fuerza de voluntad extraordinaria, había conseguido hacerse el mayor favor a sí misma: salvarse sola del abismo que poco antes se abría ente ella.

Neville Cardus, decano de los críticos musicales ingleses, publicó en el *Guardian* una carta abierta a María que causó sensación; en ella le proponía que diese un cambio radical en su carrera de cara al futuro. Entre otras cosas, le decía algo cargado de lógica:

Señora, sus peores enemigos son sus propios admiradores: protestan demasiado pese a que su voz está mejor que nunca. Personalmente preferiría que estuviera peor, porque así tendríamos alguna esperanza de que pudiera al fin liberarse usted de algunos papeles más o menos descerebrados de la ópera italiana. Un chillido es fatal para una cantante que aparezca como Norma, Elvira, Lucía o cualquiera de ese tipo. Pero un chillido podría ser una ventaja histriónica si se actúa con el cuerpo, los ojos y el temperamento además de la voz, cosa que usted sabe hacer. Kundry en Parsifal, o Elektra, o Salomé en las óperas de Strauss... Para usted, la ópera es ahora el mundo de Wagner, Strauss, Berg y demás compositores que podrían dar a su inteligencia algo que hacer y atizar su imaginación, inflamable ahora sin duda por el caluroso resplandor de la experiencia personal. Todavía está usted a tiempo de cambiar su destino.

Aquellos consejos del gran crítico inglés hicieron reflexionar a María y le infundieron nuevos ánimos. Si bien era cierto que empezar «una nueva carrera» como Neville Cardus le proponía, aprenderse nuevas óperas, nuevos personajes, era un trabajo titánico, también lo era que María no partía de cero, que tenía casi todo el camino recorrido. No sabía si tendría suficiente fuerza de voluntad para acometer esa tarea pero, de momento, se aplicó a ello.

Tras el triunfo de su «renacimiento» en el Covent Garden, María aprovechó su recién reencontrada fuerza vital para acometer en Londres nuevas grabaciones, con el firme propósito de que esta vez saliesen perfectas y no hubiera que arrinconarlas, como había ocurrido ya con tantas otras en los últimos tiempos. Grabó arias de Rossini, Donizetti y Verdi, pero tardarían años en ver la luz, ya que hubo que retocarlas. De hecho, el encanto con que empezaron las sesiones se fue al traste al recibir María, en plena grabación, un telegrama de Nueva York en el que le comunicaban que su padre estaba gravemente enfermo, y que antes de ser ingresado en el hospital se había casado con Alexandra Papajohn, con quien vivía desde hacía ya años, pues no quería morir sin haberla convertido en su esposa. Pero si a María le preocupó profundamente el estado de su padre, también la indignó enterarse de que se había vuelto a casar y de la forma en que lo había hecho. Inmediatamente envió no a su padre, sino a su padrino Leo, un telegrama en el que le decía que estaba al corriente de la enfermedad de George y de que había sido operado con buenos resultados, pero también que estaba escandalizada por la inesperada boda «secreta». Añadiendo que no podía ir a Nueva York porque se encontraba agobiada de trabajo, le encargaba que se enterase bien de todo y la mantuviese informada.

Las sesiones de grabación prosiguieron con una Callas nerviosa y enfadada y en medio de numerosas interrupciones de toda índole. Por fin terminaron, aunque sin los resultados en principio previsibles. De hecho, aquella noticia volvió a sumir a María en un estado de ánimo cercano a lo fúnebre, y había fulminado todo el entusiasmo de días anteriores. A su irritación contra Ari se sumaba ahora una sensación parecida hacia su padre, con quien siempre se había llevado tan bien. Era como si tuviera celos de la mujer que le había «arrebatado» parte de su cariño, del poco que aún creía recibir por parte de alguien.

Se fue a París para iniciar los ensayos de una nueva producción de *Norma* con Zeffirelli en la Ópera parisina, y allí estaba cuando recibió una carta pidiéndole que pagara los gastos de su padre en el hospital, que superaban los 4.000 dólares. Entonces escribió de nuevo a su padrino, pero esta vez fue una larga carta en la que le decía que no quería volver a tratar con su padre, y que si éste había escogido a «una extraña», que se quedara con ella. No quería ofender a los Papajohn, viejos amigos de la familia, pero había decidido separar completamente su vida de la de su familia en América en el futuro. No quería ni ver a su madrastra, le parecía que era «demasiado vieja para esas insensateces», y esperaba que los periódicos no llegasen a enterarse de todo eso, porque «entonces sí que maldeciría el haber tenido padres». La carta terminaba pidiéndole a su padrino algo insólito: «Por favor, no permitas que se muera donde pudieran criticarme».

El estreno de la nueva *Norma* en París se acercaba, y aunque la tensión había vuelto vertiginosamente a su vida a causa de su padre, esta vez no quería evitar riesgos, quería cantar al límite de sus posibilidades, aunque ello pudiera significar grandes fallos y el fin de su carrera. Pero triunfó una vez más.

La noche del debut no fue Onassis, que ya había aprendido a eludir los estrenos, pero sí acudió a la cuarta representación, rodeado de una cohorte de famosos y millonarios. Aquélla fue en realidad la gran noche, con un público de lujo entre el que se encontraban Grace de Mónaco, la Begum Aga Khan, Charles Chaplin, Yves Saint-Laurent y una nutrida representación del Gobierno y la alta sociedad francesa, además de Rudolf Bing, quien quería comprobar por sí mismo si ese renacimiento de la Callas del que tanto se había hablado en Londres era real o un simple espejismo.

«Catástrofe» en París

Y allí, en aquella noche de gala, con María esforzándose y arriesgando al límite, se produjo lo que algunos temían: en la escena final se le rompió la voz en un «do» de pecho. La mayor parte del público quedó en un consternado silencio, pero los muchos detractores de María que allí se encontraban, esos que siempre acudían a verla aunque «no les gustase», simplemente para aprovechar cualquier ocasión para humillarla con gritos y pateos al mínimo error, prorrumpieron en sus consabidos abucheos. Pero María reaccionó como sabía: levantó el brazo en ademán imperioso y ordenó a la orquesta que iniciase de nuevo el pasaje, arriesgándose a volver a fallar, con lo que ello supondría. Pero en esa segunda ocasión la nota fue perfecta, y el público se volcó en una inacabable ovación.

Pero después de la función, en un pasillo, uno de los furibundos anti Callas gritó: «¡Es una vergüenza!», a lo que un seguidor de la cantante respondió con un despectivo: «¡Usted no entiende de arte!». Se produjo una refriega asombrosa en la que miembros de la *jet*, ancianos y ancianas cargadas de joyas, se pegaban con los anti Callas como en una reyerta tabernaria, con intervención final de la Policía. Entre tanto, en el camerino, María era felicitada por todos los ilustres invitados, además, claro, de por Ari.

Dio ocho representaciones durante aquel ciclo parisino, y todas ellas tuvieron buenas críticas; la producción fue ensalzada sin reservas, y María recibió un general elogio, aunque sin llegar a la altura de su reciente éxito en Londres.

Pasó después una temporada junto a Ari, con quien las cosas parecían empezar a ir mejor, y volvió a París en julio para grabar *Carmen*. En el momento en que las sesiones concluyeron, salió «disparada» hacia el avión de Onassis, que la esperaba para devolverla al *Christina*, al mar y a un verano que fue especialmente agradable para ella. El griego había comprado la isla de Scorpios, con sus cincuenta mil habitantes dentro, y proyectaba convertirla en su paraíso particular, ideando cada día nuevas cosas que añadir a su «castillo privado en el mar». Y como las cosas iban tan bien entre ellos, corrió el rumor de que se habían casado en secreto en Las Vegas.

También aquel verano Onassis puso en marcha uno de los planes que tenía desde tiempo atrás para el futuro de María: convertirla en naviera. Encargó a su viejo amigo Panaghis Vergottis que buscase un barco adecuado para ella, y éste localizó un petrolero llamado *Artemision II*, que costaba unos 4 millones de dólares y que a Onassis le pareció perfecto para que María iniciara su nueva «profesión». Vergottis creó una nueva sociedad, la Overseas Bull Carriers, y a finales de octubre esa sociedad compró el barco. María sería la propietaria del 25 por ciento de las acciones, Vergottis tendría otro 25 y Onassis el 50 restante, pero con la promesa de que cuando todo estuviese ya funcionando entregaría a María otro 25 por ciento, convirtiéndola en accionista mayoritaria. Aquella noche del 31 de octubre hubo una alegre cena de celebración en Maxim's, y nadie sospechaba que aquello terminaría años más tarde en los tribunales. Pero, de momento, todo era alegría, y María se mostró entusiasmada ante aquel inminente asalto al mundo de los grandes negocios navieros.

Era sin duda un panorama muy atractivo y novedoso para ella, pero lógicamente, no iba a abandonar de pronto su carrera siendo la primera diva del mundo operístico, y al día siguiente de su cumpleaños inició la grabación de una nueva *Tosca* en la Ópera de París, de la cual daría, a partir del 19 de febrero del año que llegaba, 1965, ocho representaciones. La producción era la de Zeffirelli, que había sido traída de Londres, y las ocho representaciones fueron un éxito completo, tanto que María accedió a dar una novena. Al concluir el ciclo, voló a Nueva York para cantar dos *Toscas* en la Metropolitan, tras siete años sin haber pisado aquel teatro.

Esta vez no era su padre quien la esperaba, sino su padrino, Leo. No hubo problemas, pues éste se había ocupado de pagar a plazos la factura del hospital de George con el dinero que María enviaba cada mes para sus padres. No quiso llamarlos y sólo mantuvo la compañía de Lantzounis y su joven esposa. El estreno fue el 9 de marzo, y de nuevo, como siete años atrás, las condiciones de trabajo que María encontró fueron lamentables; el decorado se caía, no hubo ensayos de escenario y reinaba un desorden sorprendente, pero esta vez María no dijo ni una palabra, ni una queja, para asombro de toda la compañía, que esperaba verla montar en cólera como en los viejos tiempos.

El estreno era esperado por los aficionados de Nueva York como un acontecimiento único, y eso fue lo que en realidad presenciaron. El triunfo de la Callas fue de los que hicieron historia en la Metropolitan, con más de una hora de aplausos e interrupciones y un público absolutamente enfervorizado y entregado. Un público entre el que se encontraba Jacqueline Kennedy. Las críticas que los periódicos incluían a la mañana siguiente fueron, sencillamente, las mejores que María había obtenido en América en toda su carrera.

Volvió a París agotada; de nuevo las rachas de agotamiento se alternaban con las de euforia, pero tenía cinco representaciones de *Norma* en la Ópera por delante, y luego la esperaba el Covent

Garden para escucharla de nuevo en *Tosca*. Y entre medias, un concierto en directo por televisión. Estrenó *Norma* el 14 de mayo, y una vez más los días antes del estreno estuvieron llenos de nervios y angustia. Por un lado, María estaba dispuesta a dejarse literalmente la vida en el escenario, pero por otro, antes de hacerlo sentía tal angustia que se ponía enferma. Si era una cuestión psicológica o si era realmente física, daba igual. El estreno salió bien, para la segunda representación estuvo más floja y en la tercera tuvo que soportar la presencia en escena de una de las cantantes que más la envidiaba, y que aprovechó aquella momentánea debilidad de María para tratar de pasarle por encima, de ridiculizarla. Florenza Cossotto había sustituido ese día a Giulietta Simionato en el papel de Adalgisa, que requería un dúo en el que debería cantar con la Callas en perfecta armonía. María marcaba el final de una frase, pero la Cossotto, en lugar de seguirla, prolongaba la nota para hacer ver que ella era más «resistente». Eso, lógicamente, hirió a María y además molestó profundamente a sus amigos, Zeffirelli incluido. La Cossotto, con su forma de actuar, consiguió demostrar que alcanzaba notas más altas, pero se cerró muchas puertas, porque varios grandes de la ópera, esa noche, juraron que nunca volverían a trabajar con ella, como así fue.

Durante la última noche de aquel ciclo parisino el agotamiento de María llegó a ser total. Se negó a cancelar la representación, aunque el médico le advirtió de que corría riesgos serios si cantaba. Había muchos invitados ilustres en la sala y María no quería ni pensar en lo que se diría si no cantaba. Cuando llegó el tercer acto, la Cossotto volvió a utilizar el dúo para ridiculizar a la Callas, que trataba de seguirla destrozándose a sí misma; y cuando acabó el acto, se desmayó y ya no pudo seguir. Se suspendió la representación y María abandonó el teatro en lamentables condiciones. Esta vez el público no gritó ni silbó... lo cual era para ella un mal síntoma. Era como si sintieran pena, y eso sólo podía significar una cosa: el principio del fin. Ella misma había dicho años atrás, cuando le preguntaban sobre qué sentía cuando la silbaban: «El día que ya no me silben, será que ya no les intereso...».

136

La última ópera de María Callas

Tras lo ocurrido en París, las cuatro representaciones de *Tosca* que tenía que hacer en Londres atenazaban sus nervios. Cantar le daba miedo, pero cancelarlas le daba más miedo aún. Poco antes de viajar a Londres, volvió a enfermar. Los médicos le prohibieron hacer el viaje, y de nuevo se produjo esa situación que tanto odiaba. Con todas las entradas vendidas para una función de gala presidida por la propia reina, se vislumbraba una nueva cancelación de última hora. El angustiado director del Covent cogió un avión y se fue a verla a París, para suplicarle que hiciera un esfuerzo y tratara de cantar, explicándole los enormes problemas que causaría una cancelación, y María, que era la primera interesada en que no se produjera otro escándalo, ignoró las órdenes de los médicos y decidió ir a Londres, aunque sólo para cantar en la función de gala, ante la reina, mientras que en las tres primeras la sustituiría Marie Collier. María cantó finalmente el 5 de julio en aquella noche especial, salvó la situación y nada más. No fracasó, pero tampoco revivió el entusiasmo de sus últimas visitas a Londres. Y ella misma comprendió esa noche, aunque jamás lo reconocería en público, que acababa de cantar su última ópera.

Se fue inmediatamente a la isla de Scorpios, donde un Onassis cariacontecido la esperaba para consolarla, y allí pasó un verano que luego recordaría como el peor de cuantos había vivido junto al griego. Ari se volvió poco a poco más violento y distante, más autoritario, y empezó a demostrar hacia María una indiferencia evidente, llegando a humillarla en público. Hasta que un día, en una de sus discusiones, le dijo una frase muy esclarecedora: «¿Qué eres tú?... Nada. Sólo tienes un silbato en tu garganta que ha dejado de funcionar». Y es que María ya no era lo que Ari necesitaba; estuvo con ella porque le deslumbraba su fama, porque era la mejor, pero ahora las cosas habían cambiado y, aunque aún la quería, el capricho del griego se estaba convirtiendo en una aburrida molestia.

La situación llegó a tal extremo que un día Zeffirelli, que sentía auténtico aprecio por ella, invitado a pasar unos días en Scorpios, le dijo a Onassis que «a la gente que amaba de verdad a

María le resulta muy angustioso verla tratada de esa manera»; lógicamente su comentario no fue a ninguna parte, como él tampoco volvió a aceptar una invitación del griego. Pero María ni siquiera se planteaba tomar alguna determinación; sabía que su carrera estaba a punto de terminar, y no le quedaba nada en la vida salvo su relación con Onassis. Zeffirelli, no obstante, trataba de ayudarla por todos los medios, y una posibilidad estaba en el proyecto de convertir *Tosca* en una película que él dirigiría. Zeffirelli, Vergottis y Sander Gorlinski lanzaron el proyecto, buscaron productores y tenían ya todo preparado cuando, esta vez, no fue Meneghini sino Onassis quien se convirtió en el negociante de la familia, convenciendo a María de que pidiera una cantidad de dinero absurda, elevadísima. Aun así, Zeffirelli y Vergottis aceptaron, y en agosto de aquel año se llegó a un acuerdo. María viajó a Montecarlo para cerrar el trato con los productores alemanes, y cuando ya todos estaban de acuerdo, incluidos Zeffirelli, Vergottis y Gorlinski, ella les pidió unos días para estudiar el contrato con calma. A las dos semanas, María llamó a Gorlinski pidiéndole que acudiese al *Christina* acompañado del abogado de Onassis para discutir algunos términos, y una vez allí, el griego se encargó de «matar» el proyecto. Simplemente, quería hacer la película él mismo, y María tuvo que aceptar la imposición. Los alemanes le vendieron los derechos al darse cuenta inmediatamente de que la Callas estaba por completo dominada por el griego y que no habría posibilidad alguna de sacar aquello adelante, y abandonaron Scorpios para no volver. En ese momento, un nuevo «negocio» de Ari con María empezaba a morir sin haber nacido, como aquella casa que iban a hacer juntos, aquella Ópera de Montecarlo, aquella compañía naviera...

Onassis le dijo a Gorlinski que la película la harían ellos mismos y le envió a Roma para empezar a negociar el traspaso del contrato y prepararlo todo. Pero era evidente que el griego estaba haciendo un ejercicio de hipocresía digno del mejor teatro del absurdo; no tenía intención de comprar los derechos, ni de hacer ninguna película, ni tampoco de permitir que María lo hiciera. Se dedicó a poner trabas y a lavarle el cerebro a su novia hasta el punto de que, quince días después, el proyecto se había abandonado y la propia María anunciaba que ya no le interesaba hacer esa película. Ella sabía perfectamente lo que estaba pasando, que Onassis quería tenerla encerrada como a una esclava de su propiedad y que si se metía en el cine tal vez eso no ocurriera. Pero aun sabiéndolo, decidió aceptarlo, no quiso correr el riesgo de una ruptura con Onassis, al que aún esperaba poder conservar. Se equivocaba, pero de momento volvió a renunciar a su propia vida. Y perdió también la vieja y buena amistad con Vergottis.

Todo se estaba deteriorando cada vez más deprisa. La naviera que habían montado entre Vergottis, Onassis y María empezó a hacer agua y la cosa acabó un par de meses después durante una terrible escena en un restaurante parisino, con Vergottis amenazando a Oassis con abrirle la cabeza con una botella y advirtiendo a ambos de que, si iban a los tribunales, se encontrarían ante un enorme escándalo. Onassis, ciego de ira, respondió a su viejo amigo —ya ex amigo— que le importaba poco el escándalo, y que se verían en los tribunales, como así fue. Un pleito complicado y largo que duró años.

A principios de 1966, María decidió renunciar a su ciudadanía norteamericana para acabar de una vez con los trámites de su eterno divorcio y el incordio de Meneghini. Había averiguado que si se quedaba con la nacionalidad griega exclusivamente, su matrimonio pasaba a ser inexistente en cualquier parte del mundo menos en Italia, porque según una ley griega promulgada tres años antes de su boda, ningún ciudadano griego podría casarse en ninguna parte del mundo y tener un matrimonio válido si no era ratificado por la Iglesia ortodoxa griega. Cuando la prensa lo supo, preguntaron a Onassis qué pensaba de eso, y éste simplemente respondió que se alegraba de que la Callas volviera a ser una señorita soltera y libre, sin aludir para nada a una posible boda. Eso colmó la paciencia de María, que no soportaba verse humillada en público.

A los cuarenta y tres años, María estaba embarazada. Desde luego, Onassis no lo esperaba, y probablemente ella misma tampoco. Para María fue una gran alegría, pero sólo hasta que Ari le dijo que si se quedaba con el niño, se olvidara de él. Temiendo de nuevo perder lo único que le quedaba, abortó sin pensar que tal decisión iba a hacerle inmediatamente después un enorme daño psicológico. A partir de ese momento las discusiones entre los dos se hicieron constantes y cada vez más amargas. María siempre había querido tener un hijo; se lo había dicho muchas veces a Meneghini, pero éste le respondía que esperara, que un hijo acabaría con su carrera. Más tarde, Titta negaría, en el libro que escribió sobre su esposa, este punto, afirmando que era María la que no podía tener hijos, y que él hubiera estado encantado... Tanto Meneghini como Onassis pensaban que el instinto maternal de María se veía suficientemente cubierto con tener siempre a su lado una pareja de perritos, y de hecho cuantos tuvo se los habían regalado uno u otro... Pero sea como fuere, estuvo embarazada de Onassis y abortó. Sin duda fue la decisión de la que más veces se arrepintió durante el resto de su vida.

La casa de París

Por fin, decidió comprarse una casa en París, una casa para ella sola, donde tener un hogar y poder encerrarse en los momentos de absoluta desdicha, que eran cada vez más frecuentes. En esa casa pasaría el resto del tiempo que le quedaba de vida; era un enorme segundo piso, en el número 36 de la Avenue Georges Mandel. Lo decoró a su gusto, cosa que nunca antes había podido hacer con ninguna de las casas en las que había vivido, y lo llenó de las pequeñas cosas que siempre había querido tener. Muebles Luis XV, un gran piano de cola en el salón, cuadros valiosos... y una habitación que llamó «el cuarto azul» y que era como un pequeño museo de sus pasos por la Scala, lleno de recuerdos.

La batalla contra Vergottis

Mientras amueblaba y decoraba su piso, el 17 de abril, una nueva batalla legal empezaba en Londres. Allí llegó con Onassis

140

para iniciar el proceso contra Panaghis Vergottis, un caso que se convirtió de nuevo en carnaza para la prensa, pues en él salió a relucir todo el pasado de María con Ari, con un buen puñado de detalles que ambos hubieran preferido mantener en silencio. Era como hacer un resumen de dos vidas en común poco antes de una separación traumática, que en realidad era lo que iba a producirse menos de un año después.

Tras una vista de diez días, el juez falló en favor de María y Onassis y decretó que Vergottis había cometido perjurio, condenándole a transferir a María sus acciones de la naviera y a pagar las costas legales, que superaban las 25.000 libras esterlinas. Pero Vergottis apeló, y ganó la apelación, y el nuevo juez ordenó un nuevo proceso. También Callas y Onassis apelaron contra esta decisión a la Corte de Apelación Final, es decir, la Cámara de los Lores. Su sentencia llegaría más tarde, el 31 de octubre de 1968, y de nuevo Vergottis era el condenado. Fue la última vez que Ari y María hicieron algo juntos; de hecho, para entonces ya estaban separados, y Onassis casado con Jackie Kennedy.

Los últimos días con Ari

Hasta el último momento, María trataba de creer que su relación con Onassis aún podía salvarse, pero en realidad eran ya los últimos coletazos de una situación que se estaba haciendo insostenible. El verano de 1967 fue el más triste y desesperanzado de su vida; en Scorpios, donde un día pensó que llegaría a estar su hogar definitivo, dejaba María correr los días sin apenas ver a Onassis. Allí estaba invitado un escritor, Willi Frischauer, que iba a escribir la biografía del griego. Éste había tratado de sobornarle con un regalo de 50.000 dólares para que renunciara al proyecto, pero Frischauer no aceptó y Onassis decidió entonces colaborar con él, para mantenerle «controlado» en lo posible. El griego pasaba la mayor parte del tiempo con su biógrafo, y apenas dedicaba un minuto a hablar con María. Cuando el verano tocaba a su fin, ésta decidió regresar a su casa de París, sumida en una profunda depresión.

Días después, Ari voló también a París y fueron a cenar juntos. A la salida del restaurante, un periodista les preguntó lo de siempre, si era cierto que se iban a casar pronto, a lo que Onassis le respondió que llegaba tarde, pues se habían casado hacía quince días. Un detalle de humor negro de Onassis declarar eso a la prensa justamente cuando su relación con María iba a concluir de forma total. El magnate griego ya estaba viendo con regularidad a Jackie Kennedy, iba a Nueva York a visitarla y ésta venía de cuando en cuando a Europa a verle a él. María se enteró de estos encuentros cuando la prensa, a principios de 1968, empezaba ya a especular con la posibilidad de que hubiera un nuevo romance sonado a la vista. Decidió guardar silencio y aguantar un poco más por si a Ari se le pasaba el capricho, pero en su fuero interno ya estaba haciendo planes para la nueva vida de soledad que se le venía encima. Y su paciencia terminó cuando Onassis le dijo que Jackie iba a hacer un crucero por el Caribe en el *Christina*. Estalló una fuerte discusión, y esa vez no fue sólo Onassis quien se mostró violento y despectivo, porque María le superó con creces. Fue la ruptura definitiva, aunque aún tardaría algunas semanas en hacerse efectiva, oficial y pública. Cuando en mayo se realizó aquel crucero, María ya no iba en él. Supo que Jackie utilizaba su *suite* en el *Christina*, y que Ari se mostraba enormemente feliz. La depresión que María tenía, unida a su iracundo estado de ánimo, la empujó a empezar a habituarse a las pastillas para dormir. Cuando por un amigo íntimo supo que, tras el crucero, Jackie Kennedy había comunicado a su cuñado Robert Kennedy que estaba pensando casarse con Onassis, empezó a darse definitivamente por vencida. Robert Kennedy pidió a Jacqueline que esperara, porque podía perjudicarle en la campaña electoral en la que estaba inmerso, pero pocos días después de esto, el 6 de junio de 1968, era asesinado a tiros en Los Ángeles, y Jackie se vio libre de ese condicionamiento. Naturalmente, en el velatorio y el sepelio del segundo Kennedy asesinado en unos meses estaba el infaltable Onassis consolando a la desolada cuñada... y preparando el terreno para el anuncio oficial del compromiso entre ambos. Tras el funeral, Onassis y su hija se reunieron con la madre de Jacqueline, Janet Auchincloss. Entre tanto, aún no le

María Callas nació en Nueva York en 1923.

había dicho nada a María, que sin embargo estaba perfectamente enterada de lo que estaba ocurriendo. Ari volvió a París para estar con ella unos días, y María seguía guardando silencio. Pero casi inmediatamente regresó a los Estados Unidos, esta vez para conocer a la matriarca del clan Kennedy, Rose, y a Ted, convertido de pronto en el jefe de la familia. Evidentemente, estaba preparando el camino para su inminente boda con Jacqueline.

Sabiendo lo que le esperaba, María había vuelto al yate para pasar el mes de agosto, tratar de hablar con Ari y aclarar la situación, pero éste la llamó y le dijo que regresara a París, porque iba a tener invitados y ella no podía estar a bordo. Y ése fue el fin: «Si es así, te dejo. Nunca más volverás a verme», le comunicó María a Onassis. No recibió ni una excusa, ni una explicación. Una triste despedida por teléfono.

Y María abandonó por última vez el barco que durante nueve años había sido su hogar. Llevándose sus dos perritos, *Djedda* y *Pixie*, voló a París, pero no podía soportar la idea de quedarse en Europa, así que llamó a su amigo Lawrence Kelly y con él se fue a Nueva York, convirtiéndole en el paño de lágrimas de su desesperación. Con él voló después a Colorado para aislarse y pensar, y de ahí a varias ciudades, Santa Fe, Las Vegas y finalmente Los Ángeles, donde acudió a reunirse con ellos su amiga Mary Mead. No podía estar con nadie, pero tampoco soportaba estar sola. Su estado, según relatarían más tarde sus dos amigos, era de casi permanente histerismo. Siguió con su enloquecido periplo, viajando a Cuernavaca, a San Francisco y otra vez a Nueva York. No quería pensar en nada, porque que si lo hacía corría el riesgo de cuestionarse el suicidio. Era plenamente consciente de que se había quedado sin vida, que ya no era nada en su profesión y que su vida privada se había convertido en polvo. Ya no tenía un ápice de confianza en sí misma e incluso estaba perdiendo el sentido de la autoestima; se consideraba una fracasada absoluta, y se sorprendía a la vez de que la gente la reconociera y la siguiera queriendo y admirando.

Cuando en agosto se publicó la noticia de que Onassis y Jacqueline Kennedy iban a casarse, los americanos consideraron aquello como algo «sacrílego», pues la viuda del presidente

asesinado seguía siendo un icono para casi todos, y aquello parecía una broma. Quien sabía que no era una broma era María, cuya
depresión se recrudeció. Se rompió dos costillas al caerse en el
cuarto de baño de un hotel y se fue a Dallas con su amiga Mary.
Se resistía a regresar a su casa de París, temiendo los recuerdos que
iba a traerle, y daba largas a la posibilidad de empezar a rehacer su
vida o, al menos, a intentarlo.

VIII.   EL CREPÚSCULO DE UNA DIOSA

En Dallas, en casa del crítico musical y viejo amigo John Ardoin, jugando a registrar sus pensamientos, empezó a adquirir una costumbre que ya no abandonaría jamás: hablar con una grabadora. Se sentaba ante la máquina y hablaba durante horas, como si de un extraño exorcismo se tratase. Hablaba no como María, con su miserable vida, sino como la gran Callas, la mujer que lo había sido todo. Recordaba tristemente a aquella inmensa Joan Crawford de *El crepúsculo de los dioses*, pero sin llegar al dramatismo patético de la gran estrella que, al apagarse, enloquece. María hablaba de sí misma y de su vida con naturalidad, con orgullo, como escribiendo de viva voz sus memorias. Pero sólo de su vida, sin mencionar una sola vez el nombre de Onassis. Analizaba los nueve últimos años como un periodo vacío, feliz en ocasiones, pero cuyo resultado final no había podido ser peor. De pronto se encontraba sin fuerzas para volver a cantar, sin el hijo que tanto ansió, sin vida propia, sin amigos. Y sin embargo no había autocompasión en ella, porque eso hubiera ido contra su propia forma de ser. Y poco a poco, como si esa extraña terapia hubiera sido realmente útil, empezó a convencerse de que sólo podía hacer una cosa: volver a los escenarios o, al menos, intentarlo.

Para general sorpresa, un día en Dallas anunció que al año siguiente volvería a actuar en la Ópera de esa ciudad. Probablemente ni ella misma se lo creía, pero al menos trataba de hacer realidad esa posibilidad aunque sólo fuera hablando de ella. Y voló a Nueva York para hacer algo insólito: ir a escuchar a Renata Tebaldi, que cantaba en la Metropolitan. Tras la representación, fue al camerino a felicitarla y los asombrados ojos de los presentes pudieron ver algo insólito: las dos divas se abrazaron con

147

los ojos llenos de lágrimas. Su vieja guerra había concluido, y era evidente que Renata sentía pena por ver a su gran rival reducida a aquel estado, mientras a su vez aquélla sentía haber mantenido esa dura y absurda batalla con una mujer a la que ahora envidiaba, sin rencor, con una envidia «sana». Aquel acto de reconciliación dijo mucho para todos sobre el verdadero carácter de las dos grandes cantantes, mujeres cargadas de humanidad al fin y al cabo, que se vieron obligadas a ser enemigas durante toda su carrera por culpa del extraño mundo en que se movían, ese mundo de la ópera del que los divismos, las envidias y los odios injustificados son parte fundamental.

Por fin, tras aquel emocionante e inesperado reencuentro, María reunió valor para regresar a París. Y justamente entonces, el 17 de octubre de 1968, se anunció oficialmente al mundo la inminente boda de Jacqueline Kennedy con Aristóteles Onassis. La boda se celebró en Scorpios tres días después, en la misma capilla a la que María acudía para sentarse y pensar en las tardes de soledad. Mientras se celebraba el banquete de bodas, María estaba sonriente en Maxim's, en la cena de gala que festejaba el 75 aniversario del famoso restaurante. Realizó verdaderamente una gran actuación; no se lamentó, se mostró alegre y feliz como si nada estuviera ocurriendo, pero sólo ella sabía lo insoportable de su infierno interior. A la vez, estaba firmemente decidida a intentar recuperar su propio pasado glorioso. Quería estar algunos años más en los teatros, cantando a gran nivel aunque tuviese que suavizar su repertorio, porque para todos, y para ella misma en primer lugar, era evidente que ya no podría hacer aquellos titánicos esfuerzos de otros tiempos. Pero sabía, o así quería entenderlo, que aún tenía posibilidades de recuperar una parte de sí misma.

Como si de una broma cruel se tratase, o como si algún ser muy querido para ella acabara de morir, María estaba recibiendo docenas de cartas y telegramas de «condolencia» de innumerables amigos de todo tipo, especialmente de los pertenecientes al mundo de la *jet* que conoció durante su vida con el griego, pero también de otros amigos más «sólidos», como sus queridos Visconti o Zeffirelli. Algunos fueron a París a verla, a tratar de consolarla, pero ella seguía viviendo en una especie de guerra interior que le producía constantes altibajos. Tan pronto estaba decidida a volver a trabajar, a olvidarlo todo, como al instante siguiente caía en una profunda melancolía que la dejaba postrada, sin ánimo ni para abrir los ojos. Algunos de sus amigos trataban de ayudarla a recuperar su autoconfianza proponiéndole proyectos interesantes, como Visconti, quien le ofreció hacer una película en la que su papel sería el de una estrella que vivía sus últimos años sola en una isla, pero al final aquel argumento le recordaba tanto a su propio caso que rehusó hacerlo. El mismo Visconti le ofreció algo mucho más complejo, una nueva producción de *La traviata*, que María aceptó y que ambos firmaron con la Ópera de París. Pero si en principio sintió cierto entusiasmo ante este proyecto, pronto el miedo sustituyó a la esperanza. Se daba perfecta cuenta de que abordar una nueva producción de esas características estaba ya fuera de su alcance, hubiera sido demasiado duro y los riesgos de un fracaso clamoroso eran enormes. Le daba vergüenza rescindir el contrato después de haberlo firmado, y empezó a pedir cosas que sabía que no iban a concederle, como un mes de ensayos para la orquesta y el coro. Fue una forma de liberarse de aquel compromiso y también la confirmación hacia sí misma de que ya no podría aceptar otro de tanta envergadura. Convencida definitivamente de ello, aceptó por fin hacer una película. Sería una historia sobre el mito de *Medea* dirigida por Pasolini, pero nada tenía que ver con la ópera. La música era griega tradicional y María sólo tenía que cantar una vez, una nana a su hijo.

Medea... La película

El proyecto, sin riesgos, le gustó, porque además encerraba la posibilidad de que si la película era un éxito se abriera ante ella un nuevo campo, el del cine, que le resultaba cada día más atractivo. Si sus cualidades como cantante estaban ya muy mermadas, no así sus virtudes como actriz dramática. Era una buena ocasión y no quería desaprovecharla, y desde el primer momento puso todo su interés en ello.

En la primavera de 1969 fue a Roma para firmar su contrato y ponerse a trabajar. Había pedido una secretaria, y Franco Rossellini, encargado de la producción, le presentó a Nadia Stancioff. Pero Nadia no era secretaria, sino relaciones públicas, y se negó desde el primer momento a realizar las funciones de secretaria para los encargos que María empezó a hacerle. Le dijo, además, que no le gustaba trabajar con mujeres, y que por si fuera poco, de María Callas le habían dicho cosas terribles, así que lo mejor sería que se buscase a otra. Su sinceridad, sorprendentemente, encantó a María, que le dijo que estaba de acuerdo, que podía prescindir de una secretaria pero que le gustaría que se quedase con ella para librarla de la gente que no quería ver y de las cosas que no quería hacer ella misma. Nadia aceptó, y en ese mismo momento se convirtieron en grandes amigas, una amistad que se mantendría para siempre.

También con Pasolini había conectado la Callas de excelente manera, y el trabajo previo a la producción de la película se desarrolló con muy buen ambiente y sin ningún problema. A principios de junio el equipo se trasladó a rodar los primeros exteriores a Goreme, un pueblo perdido en el interior de Turquía, cuyo paisaje fantasmagórico, casi lunar, era el que Pasolini quería. Más tarde fueron a Siria, a Alepo, para volver a Italia y rodar en Pisa, en Grado, en Tor Caldara y en Tor Calbona, estas últimas, cerca de Roma.

La película, como todas las de Pasolini, era un extraño ejercicio de búsqueda en las profundidades del alma humana; un argumento duro, sin diálogos, y en el que María había de volcar toda su fuerza dramática en un personaje, Medea, del que Pasolini se había enamorado... siempre que ese personaje fuera interpretado por María, en quien él veía la perfecta reencarnación de Medea. La Callas estaba firmemente decidida a no defraudarle y se tomó aquel primer trabajo en el cine tan en serio como el montaje de la ópera más importante junto a su querido Visconti. Y eso que, como era extremadamente corta de vista, en varias escenas corrió auténtico riesgo de tener un accidente grave, pero eso no parecía importarle lo más mínimo y se negaba a ser sustituida por ningún doble. Le encantaba el trabajo, no se cansaba de repetir una y otra vez una escena, cosa en la que le sacaba ventaja a cualquier actor o actriz, no tan acostumbrados como ella a repetir sesenta veces un pasaje de un aria. Incluso le daba miedo que el rodaje terminara porque iba a volver a sentirse sola, sin horizonte; para ella, aquel agotador trabajo nada gratificante, en una película difícil que muy posiblemente no fuera un gran éxito de público, era maravilloso. Adoraba el cine, adoraba a Pasolini y adoraba a Medea. Cuando terminó el rodaje, se negaba a abandonar todo lo que para ella había supuesto aquella nueva experiencia. Su amistad con Pasolini se había convertido en algo importante, sólido, y mientras el director realizaba el montaje, ella estaba pendiente en todo momento, llamándole, ofreciéndose para lo que él pudiera pedirle. Fue, posiblemente, la única vez en su vida que actuó de esta forma.

En el mes de diciembre fue a Roma para ver la película terminada, y aunque lo que vio la dejó boquiabierta, porque era completamente incomprensible, no dijo ni una palabra, confiando en el prestigio de Pasolini y pensando que lo que ocurría era que ella no sabía nada de cine, sin siquiera cuestionarse que el que realmente era un ser extraño era Pasolini, uno de los directores que vivían del prestigio que, entre la progresía imperante entonces, le otorgaba el hecho de ser comunista, homosexual y raro. Pero ella estaba entusiasmada.

Fue con Pasolini a Argentina para presentar la película en el Festival del Mar del Plata, donde la reacción del público fue más de asombro que de otra cosa, pero el respeto que los nombres de Callas y Pasolini inspiraban hizo que la crítica no fuera ni buena ni mala: simplemente no existió. Fueron luego a París, donde sí iba a realizarse un estreno por todo lo alto. Un estreno en el que estaba toda aquella *jet set* que la recordaba con cariño, además de un sinfín de personalidades importantes que también la recordaban, pero como a la gran Callas. Era un momento de gloria para ella, en el que iba a estar incluso Onassis, que había reservado un palco, que finalmente no ocupó porque a su nueva esposa no le daba tiempo a llegar a París (no llegó, evidentemente, porque prefería ahorrarse el mal trago de tener que saludarla).

María esperaba que aquélla fuera la ocasión de reivindicarse ante todos sus viejos amigos, ante el mundo en general, la ocasión de recuperar algo de su antiguo prestigio, de su vieja leyenda perdida. Pero eso evidenciaba que su ignorancia en lo que al cine se refería era, evidentemente, absoluta, porque pensar que la *jet* de Europa y el público masivo iban a aceptar un producto de Pasolini y convertirlo en un éxito era como esperar que los bares fueran gratis.

La película era un auténtico ladrillo, como todas las de Pier Paolo, y el auditorio se aburrió hasta lo indecible. Ni siquiera la curiosidad de ver a la gran María Callas actuando en un película, el hecho de poder analizarla, compararla consigo misma en su «otra» vida o con otras actrices de similar vena dramática tenía el suficiente aliciente como para aliviar el absoluto tedio, el plúmbeo aburrimiento que el peculiar cineasta italiano sembró entre los infortunados asistentes a la gran gala del estreno. El resultado, al final de la proyección, fueron unos tímidos aplausos de cortesía y una desbandada general de un público que lo único que quería era salir de allí cuanto antes. En su debut en el cine, María había tenido sin duda una pésima suerte.

Ella necesitaba un éxito tanto como necesitaba respirar aire, pero el fracaso cosechado con aquella *Medea* no lo esperaba ni en sus peores pesadillas. Era lo peor que podía sucederle, lo que echaba por tierra las esperanzas renacidas con tantas dificultades, las esperanzas de volver a ser alguien, de volver a creer en sí misma. Y por si esto fuera poco, el indescriptible Onassis, posiblemente uno de los hombres que menos sentido de la decencia han tenido en toda la historia moderna, se apresuró a intentar reconquistar de nuevo a María para convertirla en su amante, ahora que ya tenía su nueva y rutilante mujer y su ansia de fama estaba saciada, y su enorme complejo de palurdo campesino griego incapaz de codearse con la gente «con clase» quedaba adormilado ante la admiración —falsa, por cierto, pues no era sino envidia— que creía despertar ante el mundo. Y de nuevo empezó a acosarla, sin importarle lo más mínimo el espantoso estado de ánimo en que ella se encontraba. Era como si el naviero quisiera demostrarse a sí mismo y a los demás, otra vez, hasta dónde llegaban su encanto y su poder; y recurriendo al mismo truco de gañán que ya había utilizado cuando decidió quitarle a María a su entonces esposo, el ínclito Meneghini, volvió a ponerse a cantar bajo su ventana la misma canción «María, María...», para que ésta, mucho más amante de las formas, se viera obligada a recibirle para evitar un escándalo ante sus vecinos. Y como ni así fue recibido, amenazó con entrar en el salón de la casa... a bordo de su coche. Tan patético como cierto, pero así era el griego.

Y María, pese a haberle despreciado en público, pese a haber dicho de él todo cuanto se le ocurrió mientras le duraba el acceso de ira posterior a la boda, acabó recibiéndole. En los periódicos de todo el mundo se había leído poco antes una opinión de María sobre la nueva esposa de Ari: «Ha hecho muy bien en darle un abuelo a sus hijos», o aquella otra comparación que un día hizo, tan perfecta que parecía pronunciada por Oscar Wilde: «Ari es tan bello como Creso»... Cualquier otro hombre poderoso que se ve puesto en solfa de semejante modo ante el mundo entero, se vería imposibilitado, por su propia dignidad, a volver a ver o dirigir la palabra a quien le despreció de tan radical manera. Pero Ari no. O bien no leía los periódicos, o bien reconocía que María tenía razón al estar tan resentida, o bien todo le importaba poco. Pero el hecho es que volvió a perseguirla... y que ésta volvió a recibirle. Para escuchar, asombrada, cómo Ari se lamentaba ante ella de que había cometido un error, que su nueva esposa no era lo que él esperaba. Tardó poco Onassis en darse cuenta de que a Jackie, en realidad, él le importaba justo lo que le importaba su dinero, que la mítica Jacqueline Onassis, durante tanto tiempo considerada por los norteamericanos como la mujer perfecta, una especie de santa, un icono, era más ambiciosa, desvergonzada e interesada que él mismo, y que su único interés era despojarle cuanto antes de todo cuanto pudiera. Pero lo más asombroso es que a quien fue a llorarle aquellas penas fue precisamente a María Callas. Tema suficiente como para escribir un amplio tratado sobre la desvergüenza, la estupidez o el complejo de inferioridad llevado a sus más remotos límites. Porque Jacqueline Bouvier, como quedó demostrado desde el día siguiente de la grandiosa boda, no sentía por Onassis ni siquiera afecto, y cuando poco después, en febrero de 1970, salió a la luz que, además, tenía un amante llamado Roswell Kirkpatrick, con quien mantenía relaciones cuando se casó con

Onassis, el ridículo universal que hizo el griego le costó tal disgusto que en ese momento empezó para él una rápida decadencia que pronto acabaría con su vida. Todas las cartas que Jackie había escrito a su amante cayeron en manos, por esas cosas insólitas de la vida, de un coleccionista de autógrafos, que las publicó en el mundo entero. Y que la CIA o el FBI habían tenido algo que ver con eso no lo dudó nadie, ni entonces ni ahora.

La venganza se sirve fría

Mientras el mundo leía las cartas de Jackie, Onassis hacía como si no tuvieran importancia, pero sabía perfectamente que toda esa *jet set* de su universo dorado estaba riéndose de él de una forma cruel. Había quedado como un canalla con María Callas y ahora quedaba como un imbécil con Jackie Kennedy. Demasiado para un griego «duro» que se creía el amo del mundo. Aunque Jackie llamó rápidamente desde los Estados Unidos para pedirle perdón y él hizo como que no había pasado nada, ahí acabó su relación con la mítica viuda. Inmediatamente se aplicó, con más interés que las semanas anteriores, a recuperar a María, que nadaba en un mar de dudas, dolor y vergüenza. Si el griego carecía por completa de dignidad, a ella aún le quedaba una cierta dosis... pero cedió. Y posiblemente, era su mejor venganza, porque actuó como si estuviera representando su mejor *Tosca*, su mejor *Medea*, su mejor *Elena*, su mejor *Lucía*...

Volvió a salir a cenar con Onassis, volvieron a los viejos locales parisinos de antes como si nada hubiera ocurrido y, naturalmente, la prensa lo reflejaba con entusiasmo un día tras otro. Y esta vez fue Jackie, que estaba en Nueva York atendiendo sus asuntos, quien vio cómo su dignidad era arrastrada por las aceras parisinas. María estaba devolviéndole a dos manos todo el sentimiento de furia, dolor e impotencia que la viuda-icono le había suministrado tras entrar en su vida como un maremoto. Jackie, inesperadamente, volvió de Nueva York a París para poner orden en los desafueros de su irritado esposo, y en el mismo restaurante y en la misma mesa que una noche cenaron María y Ari entre bromas y derrochando alegría, cenaban al día siguiente el señor y la señora Onassis con cara de funeral. Hay que reconocer que María sabía vengarse, porque las caras de los camareros, de los clientes asiduos y, por supuesto, de los *paparazzi* enterados del asunto, eran dignas de ver. Esta vez quien estaba haciendo un ridículo de «alta sociedad» y de alcance mundial era Jacqueline. Pero, por el momento, el hecho fue que ésta obligó a Onassis, el todopoderoso, a plegarse a sus deseos y no volver a llamar la atención, para lo cual lo primero era, evidentemente, no volver a acercarse a María.

La Callas, aunque sólo hubiera sido por unos pocos días, había vuelto a sentirse feliz, poderosa, amada. No había luchado por su dignidad herida, sino simplemente por volver a sentir algo. Y cuando aquella breve «nueva luna de miel» con Ari acabó, ella volvió a sus miedos, a su inseguridad y a su pánico a quedarse sola. Y esta vez, estaba en el límite.

Un suicidio que no lo fue

La mañana del 26 de mayo, días después de estos hechos, Radio Luxemburgo daba una noticia impactante que se había producido durante la noche, después de que los diarios cerrasen sus últimas ediciones: «María Callas ha intentado suicidarse con una sobredosis de barbitúricos. Ha sido llevada a Urgencias del Hospital Americano de Neully». La noticia, naturalmente, era una bomba, lo que no implicaba que fuese cierta. Desde la residencia de María se desmintió ese intento de suicidio, y se dijo que estaba en el hospital para un examen rutinario. Pero lo cierto es que ni estaba en el hospital para eso ni había intentado suicidarse. Simplemente, estaba tan abrumada por todo lo que sucedía que quería dormir a todas horas y se atiborraba de somníferos, no para morirse, sino para dormir. Además, su vieja sinusitis crónica había vuelto, y a su angustia se le añadía un dolor físico a veces insoportable. Por eso recurría constantemente a los calmantes y a los somníferos, pero no con un deseo de autodestrucción, sino simplemente para sentirse mejor. Aquella noche se pasó, pero no fue nada grave. De hecho, abandonó el hospital a las pocas horas, pero la noticia ya estaba rodando por todo el planeta, y medio mundo se lanzó sobre ella, unos para animarla enviándole flores, otros para expresarle su admiración y su cariño con cartas, postales o pequeños obsequios. Y todo el mundo, en todas partes, encontró un responsable: Aristóteles Onassis, que en ese momento se convirtió definitivamente en el villano de la historia. Millones de personas se identificaron con ella, la arroparon con su aliento cuando más lo necesitaba, y eso le infundió, siquiera temporalmente, una pequeña dosis del optimismo que tanto estaba necesitando. Pero no quería de ninguna manera que nadie la tomara por una potencial suicida, y cuando el semanario francés *Noir et Blanc* publicó días después la misma noticia falsa difundida por Radio Luxemburgo, se querelló contra ambos medios. En noviembre ganó el pleito, y recibió 20.000 francos en concepto de daños y perjuicios.

Tantos inconvenientes, tantos disgustos, angustias y tensiones, habían destruido ya definitivamente sus esperanzas de volver a la música y sus ganas de lucha. Acabó prácticamente encerrándose en su piso parisino de la Avenida Georges Mandel, recibía cada vez menos visitas y había renunciado casi por completo a salir, a la vida social que poco antes tanto le gustaba. Ella misma, por mucho que se quejase, no tenía sentido de autocompasión, y la ponía furiosa sentirse compadecida por los demás, no soportaba «dar pena». Le exacerbaba esa amarga sensación de haber acabado siendo «una pobre mujer abandonada», ella, que pocos años antes había sido la reina indiscutible del más cerrado y elitista de los mundos, el de la ópera. Ella, que había viajado por todo el planeta, había sido aplaudida por reyes y admirada y envidiada por las mujeres de cualquier país y de cualquier raza, ahora no era más que una sombra. Lo sabía, pero no quería siquiera analizarlo.

No había renunciado por completo a la vida, sino sólo a ciertas partes de ella. Pero tenía que hacer algo en los años venideros, y todo su tiempo lo dedicaba a dar vueltas a cuantas posibilidades le venían a la cabeza; para no distanciarse completamente de todo y de todos aceptaba participar en determinados actos sociales, culturales o políticos, simplemente haciendo acto de presencia y aprovechando la reunión en cada caso para retomar contactos y esperar algún indeterminado «milagro» que la salvase de la soledad.

Hacía cosas tales como acompañar al ministro francés de Negocios Extranjeros a inaugurar los Nocturnes de Faubourg Saint-Honoré, para ser ella quien cortara la cinta conmemorativa, o acudir a Moscú como miembro del jurado para la final del Concurso de música Tchaikowsky; también de cuando en cuando iba a algún entreno de cine o teatro y, naturalmente, a la ópera. En el palco de Ghiringhelli presenció la inauguración de la nueva temporada de la Scala, y allí recibió el homenaje de todo el público, que en un entreacto le dedicó una estruendosa ovación mientras se oían gritos pidiéndole que volviera a cantar.

Una visita inesperada

Por primera vez desde su separación de Onassis, viajó en agosto a Grecia para visitar a un viejo amigo, Perry Embiricos, al que había conocido nueve años atrás. Embiricos vivía en Tragosini, su isla privada; era soltero, con cincuenta años en ese momento, aficionado a la música, multimillonario y admirador de María, además de amigo. A su casa acudían de cuando personajes importantes, y allí coincidió María durante aquella visita con Pasolini y otros viejos conocidos. María, que no se separaba de su «secretaria» Nadia, a quien envió desde allí un billete para que se reuniera con ellos. En agosto, París no podía compararse con una isla griega

En el tranquilo verano de Tragosini, el 15 de agosto, el día de su santo, recibió una gran sorpresa: la visita de Onassis, que llegó en su helicóptero para felicitarla y regalarle unos impresionantes pendientes de más de 100 años de antigüedad. Hacía tiempo que no le veía, pues Jackie le había prohibido tajantemente que se repitiera lo sucedido en París. Onassis, aunque no estaba nada feliz con su nuevo matrimonio, tampoco quería hacerlo saltar de una forma tan rápida; tenía negocios con el clan Kennedy, y eso era lo que más le impulsaba a observar un buen comportamiento. Así que, terminada la breve visita, volvió a salir volando camino de su propia isla. Una vez más, María le había perdonado los innumerables malos momentos, porque en su balanza particular seguían pesando más los innumerables momentos buenos que también Onassis le había deparado. En

157

el fondo de su alma creía que tal vez algún día las cosas cambiasen y volvieran a estar juntos... pero de momento se conformaba con seguir esperando, queriendo al griego de oro. Le consideraba su mejor amigo, y ella se consideraba a su vez la mejor amiga de él.

Volvió a París, y abrió el año 1971 como había cerrado el anterior: sin ningún plan concreto para el futuro y viviendo exclusivamente de sus recuerdos. No hablaba con nadie de una posible retirada «oficial», aunque de hecho estaba retirada desde hacía ya tiempo. De vez en cuando mencionaba la posibilidad de volver a cantar, pero para todos era evidente que aquello ni ella misma, en sus momentos de mayor optimismo, podía creérselo. En cambio, sí había comenzado a impartir algunas clases magistrales de canto e interpretación operística en determinados institutos de alto nivel; en febrero de aquel 1971 dio un curso de dos semanas en el Curtis Institute de Filadelfia, y una conferencia-coloquio en la Julliard School de Nueva York, a la que acudieron numerosas estrellas de la ópera y el cine además de su viejo amigo y a veces rival Rudolf Bing. Cuando un alumno le preguntó por qué ya no cantaba, le dio una curiosa respuesta que debió inventar en aquel momento: porque había adquirido ciertos malos hábitos vocales, así que había decidido retirarse temporalmente para empezar de nuevo. «Ahora ya estoy preparada de nuevo —dijo—, nunca he dejado de estudiar. Pero sé esperar. Siempre estoy preparada cuando surge una nueva oportunidad». Aquellas lecciones eran una forma agradable para ella de pasar el tiempo, de compartir con los demás sus recuerdos, de sentirse tan admirada y venerada como pocos años atrás. Ese nuevo «hallazgo» le permitía escapar de su aburrimiento, no estar aislada, y de paso era una buena excusa para viajar otra vez de cuando en cuando.

Durante aquella corta estancia en Nueva York, se enteró accidentalmente de que sus ojos estaban bastante mal. Había acompañado al oculista a una amiga, y el doctor, al verle los ojos, insistió en reconocerla también a ella. Allí descubrió que padecía un glaucoma incipiente, que si se dejaba desarrollar podría desembocar en ceguera en poco tiempo. Y a partir de entonces y durante el resto de su vida, tuvo que echarse gotas en los ojos cada dos horas. Se compró un pequeño reloj antiguo que llevaba colgando del cuello

158

y que sonaba cada dos horas para recordarle su nueva obligación, que ella se tomó con bastante tranquilidad.

Fue después a dar otro curso en Filadelfia; siempre llevaba consigo a sus dos perritos, *Djedda* y *Pixie*, regalo de Onassis de la época en que vivía en el *Christina*, y los presentaba a todo el mundo poco menos que como si fueran sus hijos; y allí, como en todas partes, se repetían las preguntas sobre si se había retirado definitivamente o si volvería a cantar. Una y otra vez, ella repetía lo mismo: «En cualquier momento volveré a cantar una ópera». Volvió a París quizá convencida de que tal posibilidad aún existía, porque aquel último viaje a Norteamérica le había servido para recuperar en parte la confianza en sí misma y comprobar que seguía siendo admirada y respetada, y lo más importante: que para muchos seguía siendo la mejor.

Al regresar a París se encontró con algo que le hacía mucha ilusión, porque desde muy niña adoraba el circo; le ofrecieron la presidencia honoraria de la Noche de Gala del Sindicato de Artistas, que se celebraría con una gran función circense. María disfrutó como una niña durante los días de los ensayos previos, era para ella como volver a sus días de infancia, a aquella primera tarde en que la llevaron a un circo siendo muy pequeña. Le habían dado el nombre en clave de «Germanie», pues los organizadores querían mantener en secreto su identidad y dar una sorpresa al público la noche de la gran gala, cuando los asistentes descubrieran que la presidenta era nada menos que María Callas. Y con su nombre falso de Germanie se pasó varios días recorriendo el circo, jugando con los animales, conociendo a todo tipo de artistas; acróbatas, trapecistas, caballistas, payasos... todos hacían lo que Germanie quería, le daban todos sus caprichos de niña entusiasmada. La noche fue un éxito, María disfrutó de todo como hacía muchos años que no disfrutaba... y luego retornó a la rutina de su aburrida vida parisina.

Problemas para Onassis

Aquel año de 1971 iba a marcar el comienzo de la decadencia del multimillnario griego. Todo comenzó durante el verano, cuando estaba en Scorpios celebrando el 42 cumpleaños de su esposa. Era el 19 de julio, y en plena celebración recibió la noticia de que su hija Cristina, su niña mimada, acababa de casarse en Las Vegas con un tal Joseph Bolker, un corredor de fincas de 45 años, divorciado y con cuatro hijas de un matrimonio anterior. El ataque de furor que sufrió Onassis fue el peor que recuerdan todos cuantos le conocían de mucho tiempo atrás y estaban allí cuando estalló la bomba. Durante dos largas horas estuvo el griego dando gritos y al borde de la apoplejía, pero cuando al fin reaccionó y pudo pensar con claridad, inmediatamente inició sus «gestiones» para desmontar el matrimonio. Tras anular todo el crédito de su hija en todos los bancos, le advirtió de que la desheredaría si no se divorciaba inmediatamente. Mientras, por otro lado realizaba toda clase de maniobras para perjudicar a Bolker, hasta ponerlo en poco tiempo al borde del abismo. Siete meses después, en febrero del año siguiente, Bolker estaba ya derrotado en toda la línea, y la pareja anunció públicamente su divorcio, «debido a las fuertes tensiones a que hemos sido sometidos por el señor Onassis», según aclaró el mohíno agente de fincas.

Pero tras lo que hizo Cristina en verano, en el otoño esperaba otro fuerte golpe al ego del millonario naviero, que estaba empezando a recibir de los demás la misma medicina que él les administraba. Tina Livanos, su primera mujer, que se había casado con el marqués de Blanford, se había divorciado de él para casarse, esta vez en París y en secreto, con el hombre que más odió Onassis en su vida, su encarnizado rival, también naviero y también griego, Stavros Niarchos. Éste había estado casado con la hermana de Tina, Eugenia, quien había muerto hacía unos meses de una sobredosis de barbitúricos, pero con el cuerpo lleno de heridas, por lo que se realizó una investigación tras la cual el juez inició los trámites para procesar a Niarchos y exigió su detención. El Alto Tribunal del Pireo le libró de aquel procesamiento, aunque no de los rumores que le acusaban de haber llevado a su esposa hasta la muerte de una forma terrible. Pero Athena Livanos no hizo caso de tales rumores y se casó con Niarchos, lo que para Onassis supuso el peor golpe bajo contra su dignidad y su orgullo que hubiera

160

podido imaginar nunca. De nuevo su acceso de furor duró horas, pero esta vez no podía hacer otra cosa que aguantarse.

Y aún terminaría peor el año para el griego, ya que antes del final de aquel maldito 1971 se hizo completamente evidente que su matrimonio con Jacqueline era un fracaso absoluto, un error de bulto. Porque Jackie no era como sus dos antecesoras, y los furibundos ataques de ira del naviero no le afectaban; es más, no los soportaba y le dejaba gritando en solitario, tratándole con una superioridad y un evidente desprecio a los que Onassis no sólo no estaba acostumbrado, sino que ni siquiera había conocido, porque nunca nadie se había atrevido a ello.

«Profesora» Callas

De nuevo Onassis empezó a ir a ver a María para contarle sus penas; la prohibición impuesta por su esposa ya no tenía vigencia, porque era evidente que el matrimonio iba a acabar mal. Jackie pasaba casi todo su tiempo en Estados Unidos, y Onassis aprovechaba cualquier ocasión para volar hasta María, quien se encontraba en Nueva York preparando las clases de un curso que iba a impartir a partir de ese otoño. Eran unas clases muy especiales, ya que las impartía en el escenario del Teatro Juilliard y ante un público que estaba compuesto, además de por los alumnos, por un buen puñado de personajes importantes del mundo operístico, lo que convertía cada clase en una especie de pequeña función de gala, para gran regocijo de los jóvenes estudiantes. Allí estaban desde Plácido Domingo a Franco Zeffirelli, Tito Gobbi, Gina Bachauer y, en ocasiones, Rudolf Bing, Ghiringhelli, o muchos otros personajes que habían sido importantes en la vida profesional de María, y que se acercaban a verla en su nueva actividad de profesora, cosa que a ésta le encantaba, la hacía muy feliz.

La Callas enseñaba a sus alumnos no sólo técnica de canto, sino también, y muy especialmente, les enseñaba expresión, les hacía ver y sentir el dramatismo de cada personaje, de cada escena, y les mostraba cómo imprimírselo a su propia creación del personaje cuando lo encarnaban. Era, opinaban todos, una buena profesora que gustaba a sus alumnos no sólo por su enorme fama y el hecho de ser una

161

leyenda viva, sino porque les enseñaba «de corazón», volcándose en ellos, preocupándose de verdad de que entendieran lo que les transmitía, cosa nada habitual entre otros profesores mucho menos famosos e importantes. Con frecuencia hacía algo que entusiasmaba a todos: se ponía a cantar con ellos, cantaba ella misma lo que tenía que cantar el alumno para mostrarle exactamente lo que le estaba indicando. Y entonces todos los presentes podían escuchar de nuevo aquella voz mágica, que había sido la mejor voz femenina de la ópera mundial, interpretar rozando la perfección, como en otros tiempos. Pero también, quienes la conocían de antes, habían trabajado con ella o eran auténticos expertos, podían distinguir en aquella voz muchos matices diferentes. Algunas de sus características eran las mismas, seguían siendo insuperables, pero otras mostraban lo contrario, la evidente y lógica decadencia que el largo periodo de inactividad había acelerado. Pero para María, en términos generales la experiencia había sido un éxito en todos los frentes, y de ella extraía, por encima de cualquier otra, una conclusión muy importante: podía volver a enfrentarse al público, libre ya del temor que ello le causaba en los últimos siete años.

Arregló las cosas para una audición privada con su viejo amigo Michael Cacoyannis, que estaba en Nueva York montando una nueva producción de *La traviata* para la Metropolitan; de nuevo volvieron a atenazarla los nervios, pero él, tras escucharla, le infundió nuevos ánimos, aunque le recordó que cantar unas frases no era lo mismo que cantar una ópera completa, y que eso iba a ser mucho más difícil. Cacoyannis, como la mayoría de sus amigos, animaba a María para que cantase de nuevo, pero en conciertos breves o grabaciones de discos, olvidándose del enorme sacrificio que iba a suponerle volver a intentar cantar como antes lo hacía. Era demasiado el tiempo transcurrido desde que su carrera y sus ensayos agotadores pasaron a un segundo plano.

Di Stefano, la última esperanza

Cuando el ciclo de clases en el Juilliard concluyó, en marzo de 1972, María tenía de nuevo ante sí un futuro vacío. Surgían algunas propuestas que podían ser interesantes, como la que le hizo la junta de la Metropolitan al ofrecerle la dirección artística del teatro, cosa que no llegó a cuajar. Y entonces se reencontró con Guiseppe Di Stefano, con quien había cantado por última vez quince años atrás, en la Scala. Di Stefano vivía una situación similar a la de ella, estaba un tanto «quemado» por la intensidad y la entrega con que había utilizado su voz a lo largo de muchos años, y ya no era el de antes, pero seguía, como María, teniendo un nombre cargado de gloria. Le propuso una vuelta a los escenarios que fuese algo espectacular, el retorno de dos mitos que de nuevo cantaban juntos. María no se negó, porque en realidad la ilusionaba enormemente pero era sólo eso, ilusión. El miedo al fracaso pudo más en el primer momento, pero inició una relación sentimental con el tenor, relación que necesitaba por un lado pero que por otro la llenaba de angustia, ya que su moral, tan férrea para casi todo, volvía a quedar por los suelos porque Di Stefano, como en su día Onassis, era también casado, y además con una buena amiga de ella. No obstante, la relación prosiguió con mucha discreción, e hicieron algunos planes juntos.

El primero fue una grabación de arias de Verdi y Donizetti, que se haría en Londres y bajo un absoluto secreto, para que el posterior lanzamiento del disco fuese una sorpresa para el mundo entero. Pero pocos días antes de que empezaran las sesiones, el 4 de diciembre de 1972, María se entera de que su padre ha muerto en Grecia, donde había vuelto después de casarse con Alexandra Papajohn. Fue un gran disgusto para María, quien a pesar de llevar mucho tiempo sin verle ni hablar con él, de pronto le perdonó aquella ofensa de la boda sorpresa y lamentó todo el tiempo perdido, culpándose a sí misma de la separación de aquellos últimos años. Ya tenía un nuevo motivo de angustia, y su complejo de culpabilidad volvió de la mano del de inseguridad. Hasta tal punto empezó a sentirse culpable que hizo algo impensable hasta muy poco antes: volvió a mandar dinero a su madre, con quien consideraba todavía imposible una reconciliación en aquel momento, pero sin cerrar esa posibilidad para el futuro.

Una nueva tragedia

Pero no iba a ser ésta la única tragedia que ensombreciese aquel tránsito de 1972 a 1973. El 22 de enero, Alejandro Onassis se estrelló con la avioneta de su padre. Su cabeza quedó destrozada, y su cerebro, irreparablemente dañado. Se le mantuvo con vida unas horas de forma artificial, para esperar a que su padre llegara de Nueva York, pero ello sólo sirvió para aumentar el espantoso dolor que el griego sentía y que María experimentó en lo más profundo de su alma. Sabía que Alejandro era lo más importante en la vida de Onassis, a quien en los últimos tiempos parecía haberle tocado la negra mano de una maldición. Cuando a las pocas horas de llegar acompañado por Jackie, los médicos le dijeron que no existía ninguna esperanza de recuperación, este les pidió que no siguieran torturándolo, y los dispositivos de vida artificial fueron retirados.

La muerte de Alejandro Onassis llevó a su padre a un estado próximo a la locura. En un primer momento se negó a enterrar a su hijo, exigiendo que congelaran el cuerpo; después quiso que lo enterraran en la capilla de Scorpios, algo imposible puesto que tal lugar estaba reservado únicamente para los santos, y por fin aceptó que fuera enterrado junto a la capilla, en el exterior, donde más adelante él haría una nueva capilla sobre la tumba.

Tras la muerte de Alejandro, Onassis vio en María, una vez más, su único consuelo. Fue a visitarla después del funeral, y a María le causó tanto dolor como miedo el estado en que lo encontró. Onassis ya no era el que ella había conocido, sino un hombre acabado, destrozado, vencido. Se culpaba a sí mismo de la muerte de su hijo, y a la vez desvariaba viendo conspiraciones de sus enemigos por todas partes. Llegó a sospechar que la avioneta había sido saboteada y ofreció un millón de dólares a quien pudiese darle alguna información al respecto... María seguía queriendo a Onassis más que a nadie en el mundo, y verle así la dejó destrozada. Durante todo aquel año de 1973, ella sería la única capaz de consolarle, el único apoyo que el griego iba a encontrar en la que sería la peor etapa de su vida. Sus negocios comenzaron a caer en picado, hasta el punto de que su fortuna de miles de millones de dólares se convirtió en unos meses en la mitad. Se apartó casi por completo de Jackie, a la que dijo que ya no pensaba seguir dándole sus caros caprichos, y se encerró en sí mismo. Acabaron los lujosos cruceros del *Christina*, perdió todo el interés por la vida rutilante de antaño y dejó incluso de ver a sus amigos. Pasaba largas horas ante la tumba de su hijo en Scorpios y tal vez presentía que el final estaba cada día más cerca, mucho antes de lo previsto.

Últimas esperanzas

Tal vez fuese a causa de la convulsión que las noticias de la muerte de su padre y de Alejandro Onassis le produjeron, todo ello unido a la evidencia de que Di Stefano ya no podía cantar como antes, el hecho es que la grabación de Londres fue un fracaso, y pese a todos los esfuerzos que se hicieron con las mezclas y la edición definitiva, utilizando las muchas novedades tecnológicas de que los estudios disponían ya por entonces, María decidió que el disco no podía publicarse y no dio su aprobación. Un buen montón de millones se fueron por el sumidero, y la Callas se cerraba así una importante puerta para el futuro. De hecho, aquélla fue la última vez que pisó un estudio de grabación como artista.

Pero quería seguir trabajando, y ahora sólo quería hacerlo junto a Di Stefano, única persona que le infundía suficiente seguridad. Entonces recibió una oferta del nuevo Teatro Regio de Turín, que acababa de ser construido y cuya dirección quería hacer una inauguración de campanillas, con los mejores de la ópera mundial en su primer cartel. Como era evidente que María no querría cantar, pero también lo era que la Callas seguía siendo la más famosa cantante del mundo, le ofrecieron emprender una nueva etapa que podría haber sido excelente para ella: convertirse en directora. Así, pusieron ante sus ojos una propuesta para dirigir *I Vespri Siciliani*, que María aceptó con una sola condición: que Di Stefano fuese su co director. El Teatro se avino a ello, porque era evidente que tener a María Callas como directora de ópera iba a ser algo sonado, y todos se pusieron al trabajo.

Pero todo iba a salir mal desde el primer momento. María ignoraba una gran cantidad de conceptos básicos sobre movimientos en la escena, y hacía simplemente lo que su instinto le aconsejaba; como Zeffirelli le dijo más tarde, habría necesitado un simple diseñador de escena para que ella hubiera podido dedicarse en exclusiva a la actuación de los cantantes, pero no lo tuvo. Como tampoco supo decidir adecuadamente sobre los diseños de vestuario, y por si fuera poco, el director, Vittorio Gui, se puso enfermo poco antes del estreno y tuvo que ser sustituido por su ayudante.

La noche de la inauguración del teatro y del debut de María como directora iba a ser el acontecimiento operístico del año en todo el mundo, y se esperaba con un interés inusitado, por lo que el riesgo que un fracaso supondría para todos era mucho mayor que si se hubiese tratado de una simple producción de fin de temporada. Además, la prensa especializada de todo el planeta estaba muy pendiente, porque el retorno de María Callas era toda una noticia y la publicidad que ello acarreó fue enorme. Y llegó el estreno. No fue un fracaso, pero tampoco el éxito esperado. Nadie se ensañó con María, pero tampoco recibió elogios. Simplemente, se comentaron sus buenas intenciones, pero todos los críticos se preguntaban qué hacía la Callas en ese papel, que evidentemente no era el suyo, porque en aquel trabajo no se podía siquiera atisbar un ápice de su vieja fuerza, su eterna magia y su enorme personalidad en escena.

Tras este segundo fiasco en unos posos meses, María decidió seguir agarrada a Di Stefano como si éste fuera la única tabla de salvación que le quedaba. Y volvieron ambos a lo único que no les hacía correr riesgos: en mayo, fueron a Japón para impartir una clase de maestría a los ganadores de un concurso operístico, y algo, por fin, les salió bien juntos, lo que de nuevo les hizo retomar a ambos la ilusión de volver a cantar.

El Covent Garden hizo entonces una oferta a María para dar un concierto, ella sola con una gran orquesta, pero Di Stefano la convenció de que lo apropiado sería una gira de recitales por todo el mundo con acompañamiento de piano. Gorlinski aceptó y comenzó a preparar una larga gira, encontrando mucho interés en distintos países. Y mientras iba aumentando el número de conciertos en perspectiva, iba creciendo de forma paralela el miedo de María. De pronto se anunció que el Royal Albert Hall iba a presentar juntos a Renata Tebaldi y a Franco Corelli, y ahí vio María una buena excusa para cancelar la gira, o al menos ella creía que lo era, aunque nadie más lo consideró así. Di Stefano, que estaba mucho más interesado que ella en volver al escenario, consiguió tras muchos esfuerzos convencerla para seguir adelante, y finalmente logró que firmara el contrato.

La gira mundial iba a comenzar en el Royal Festival Hall de Londres. Su acompañante iba a ser el anciano Ivor Newton, pero éste ya había cumplido los ochenta, por lo cual la compañía de seguros se negó a asegurar los conciertos si no se buscaba un pianista más joven. María propuso a Robert Sutherland que fuera su segundo, y éste aceptó. Comenzaron los tres a ensayar en la casa parisina de María, y de nuevo empezaron los problemas. La inseguridad de la Callas era tal que no acababa de decidirse por el repertorio, cambiándolo constantemente y volviendo locos a los dos pianistas. Su pánico iba creciendo de forma directamente proporcional a las noticias que le llegaban de los miles de reservas de entradas en un número cada vez mayor de ciudades, y una vez más la presión a que se veía sometida empezaba a notarse en su salud. Esta vez eran los ojos, y no la sinusitis, los causantes de sus achaques, y el dolor que le producían aumentaba con los días según se acercaba la fecha del debut en Londres, el 22 de septiembre.

A mediados de septiembre, María, Stefano y Sutherland abandonan París para ir a Milán a ensayar en el estudio de Di Stefano. Para entonces, la Callas estaba ya en franca «retirada», se sentía cada vez peor y no creía que fuera capaz de afrontar lo que se le venía encima. A una semana del debut, aún no tenía claro si iría a la gira o no, lo cual mantenía en vilo a todos los demás implicados. De momento, la apertura de gira en el Royal Festival Hall el 22 de septiembre fue cancelada, pero aún había esperanza de mantener el resto de los conciertos programados. Di Stefano fue quien consiguió convencerla para que el 25 de octubre se pudiera por fin abrir la gira en el Congress Centrum de Hamburgo.

A los pocos minutos de comenzar la actuación, era evidente para todos que aquella gira iba a ser el mayor fracaso artístico de la Callas en toda su carrera. Tras ochos años retirada, sus carencias eran notorias incluso para los menos exigentes. Tampoco Ivor Newton ni Di Stefano estaban en su mejor momento: el estado de salud del anciano pianista era lamentable, hasta el punto de que Sutherland había de pasarle las páginas de la partitura, pero despedirle quizá le hubiera dado tal disgusto que nadie descartaba que se hubiera muerto allí mismo, por lo que decidieron seguir con él y con Sutherland en un segundo plano.

La gira siguió por varias ciudades alemanas, para pasar luego por Madrid y llegar a Londres. Cada concierto era una demostración pública de la evidente decadencia de la Callas, quien daba la sensación de no querer darse cuenta de lo catastrófico de la situación. Estaba destruyendo en unos días todo su prestigio de tantos años, dando una patética imagen tanto ante aquellos que la habían escuchado en el pasado como ante los nuevos aficionados que la oían ahora por primera vez. Sin orquesta, que le habría permitido tapar errores, con un Di Stefano quemado y un pianista al borde de la muerte por vejez, un mal concierto seguía a otro en lo que parecía una interminable sucesión. Y aun así, el público aplaudía con entusiasmo y solicitaba un bis tras otro. La clase de la Callas era tan grande que, aunque ahora no fuese más que una tenue sombra del pasado, seguía siendo una de las más grandes cantantes del mundo. Aún le sobraba para entusiasmar a públicos de cualquier país. En algunos lugares, el escenario acababa cubierto de flores y el público se abalanzaba sobre ella para tocarla, felicitarla y mostrarle su entusiasmo.

Durante la gira, en el segundo concierto de Londres, María cumplió los cincuenta años. La *tourneé* prosiguió entre esas dos aguas tan diferentes: el éxito de público y el fracaso de crítica. María lo asumió sin mayores problemas, pero sabía que aquel perfeccionismo de antaño ya no tenía cabida en su trabajo. Ante sus amigos reconocía abiertamente que no lo estaba haciendo bien, como cuando Peter Diamand fue a verla al camerino del Royal Festival Hall y, antes de que pudiera abrir la boca, María le dijo: «Ya lo sé, no digas nada», y cambió inmediatamente de tema. Pero también parecía estar convencida de que iba mejorando poco a poco, de que iba recuperando sus facultades de un modo imperceptible que sólo ella notaba, pero que le daba confianza en que en cierto tiempo, un año o dos, volvería a estar completamente en forma. Pero no era cierto.

La gira empezó a ir verdaderamente mal cuando llegaron a América. El día antes del concierto en Nueva York, en febrero, se encontraba en tal estado de nervios que tomó demasiadas pastillas para dormir, y al día siguiente apenas podía moverse. Aunque su médico trató de poner como excusa que tenía una gran inflamación en la garganta, la evasiva fue cuestionada y de nuevo María se reencontró con aquellas duras críticas hacia su carácter, su debilidad y su falta de profesionalidad que tanto daño le hacían. Como la cancelación se anunció con el público ya en el teatro, se reprodujeron aquellas escenas de gente gritando en los pasillos, algún exaltado rompiendo carteles y un ambiente explosivo por parte de algunos espectadores encolerizados, aunque la inmensa mayoría del público reaccionó bien y aceptó la explicación del teatro con la promesa de que el concierto se realizaría el 5 de marzo. Esta vez parecían comprender que no se trataba de un capricho, como antaño, sino que realmente María no podía. Y en cierta forma, todos sentían una especie de pena por ella, esa sensación que tanto pánico le daba tiempo atrás, y que quizá, si ahora lo hubiera comprendido, la habría impulsado a cortar la gira de raíz y retirarse definitivamente.

Tampoco su relación con Di Stefano iba por buen camino; él mismo, sometido a un presión igual o mayor a la de María, estaba además moralmente hundido porque su hija de veinte años estaba muriéndose de cáncer. Las peleas y discusiones entre ambos eran cada día más frecuentes y violentas, y la gira proseguía con un mal ambiente general que iba haciéndose irrespirable.

Así llegaron a Boston, donde el 27 de febrero, poco antes de su actuación, la gira estuvo a punto de romperse. Tras una fuerte bronca, Di Stefano abandonó la gira sin más, y María se quedó sola ante el compromiso. Se anunció que estaba indispuesto y la Callas dio el recital en solitario. Cuando volvió a Nueva York para cumplir con su compromiso aplazado, Di Stefano, más tranquilo, decidió reincorporarse a la gira. Pero cuando todo parecía de nuevo en calma y faltaban unas horas para la actuación en el Carnegie

Hall, le llega a María la noticia de la muerte de su viejo amigo Sol Hurok, quien había sido el organizador de sus giras en América desde hacía más de veinte años. La noticia le causó un efecto fulminante; quiso cancelar la actuación, pero la convencieron de que hacer tal cosa por dos veces ante el mismo público hubiera producido una reacción terrible, y dio el recital en un estado parecido a la semiinconsciencia, flotando en una bruma de malos presagios. Cuando acabó, hizo ante el público una patética defensa de sí misma, atacando de forma irracional a todos los organizadores de sus actuaciones en América, a sus teatros y a todos sus profesionales. El público, entre el que se encontraban numerosos representantes de la Metropolitan y de otros teatros americanos, se quedó anonadado ante la incalificable actitud de la cantante, a la que todos vieron como una mujer agotada, desesperada y moralmente destruida. Por eso, el silencio fue el mejor homenaje que en aquel momento pudieron hacerle.

Pero si el público sentía cierta compasión por el estado en que la Callas se encontraba, quien no lo sentía en absoluto era Di Stefano, cuyo comportamiento y reacciones iban empeorando con el paso de los días. Tras Nueva York fueron a Detroit, donde cantaban cuatro días después, y allí de nuevo el tenor tuvo uno de sus accesos de cólera, y volvió abandonar la gira durante los dos siguientes conciertos. Al fin, cuando llegaron a la costa oeste para los recitales en San Francisco y Los Ángeles, la situación llegó al límite. María llamó a Gorlinski y le dijo que le era imposible seguir trabajando con Di Stefano, y que ahora era ella la que había decidido acabar con la gira y volver a París. Tras tratar, sin conseguirlo, de convencerla por todos los medios de que sería grave anular tantos contratos como había pendientes, Gorlinski tuvo finalmente que explicarle que, además de las cancelaciones injustificadas, Di Stefano era muy capaz de demandarla por un millón de dólares por ruptura de contrato, cosa a la que María no estaba dispuesta. Habló con éste y acordaron que el primer concierto de la costa oeste sería el último que darían juntos. Aquel concierto fue histórico, porque incluyó una «despedida pública» ante los boquiabiertos, y en parte divertidos, espectadores que pudieron entender el diálogo que entablaron cuando llegaron al dúo de *Carmen*. Di Stefano, en lugar de cantar «Carmen, je t'aime, je t'adore, ne me quitte pas», lo que dijo fue: «Ciao, María, ha sido un placer haberte conocido», y ella, sin mostrar sorpresa alguna, respondió: «Ciao, Pippo, vete al diablo». Y a ellos mismos les hizo tanta gracia, que decidieron seguir juntos por el momento. Una muestra más de la «estabilidad» tanto personal como profesional que ambos mostraban en aquel momento.

IX. EL TRISTE ADIÓS DE ONASSIS

Por fin la gira terminaba, en el otoño de aquel 1974, con nueve conciertos en Japón. El 11 de noviembre, en Sapporo, María Callas cantó por última vez sobre un escenario. Estaba agotada y con fuertes dolores provocados por una vieja hernia que se reprodujo al principio de aquella gira y que empeoró notablemente durante la misma. Y de nuevo la tragedia vino inesperadamente a visitarla.

En Tokio, en plena gira japonesa, se enteró por la prensa y la televisión de la muerte de Tina Livanos en un hotel de París. Nuevo golpe para Onassis, que se sintió tan mal que ni siquiera pudo asistir al entierro de su ex mujer y madre de sus hijos. Si alguna vez el concepto de «tragedia griega» pudo aplicarse a alguien, ése era Aristóteles Onassis. Su hija Cristina, que como su fallecido hermano había sospechado siempre que Niarchos fue el autor de la muerte de la hermana de su madre, exigió inmediatamente que se realizara la autopsia, que si bien demostró que la causa de la muerte había sido un edema pulmonar, no consiguió apagar la llama de la sospecha ni en Cristina ni en otras muchas personas que le conocían. Y ahora más que nunca, Cristina Onassis estaba convencida de que tantas tragedias, la muerte de su hermano y la de su madre, no se habrían producido si Aristóteles no se hubiera casado con Jackie Kennedy, a quien siempre vio como una enemiga, pero a la que desde ese momento empezó a odiar cordialmente. Y también empezó a lamentar el haber colaborado a la separación de su padre y María Callas.

Ésta regresó de Japón destrozada; su vieja hernia se había reproducido y le causaba un dolor cada día más fuerte, y nada más

llegar a su casa parisina hubo de ser sometida a un fuerte tratamiento de reposo, que le produjo una cierta mejoría. Pero su estado
de ánimo estaba también por los suelos, viendo sufrir de aquella
forma al hombre que más había querido y al que seguía queriendo.
Ahora ya no le importaba su futuro ni pensaba en ningún nuevo
proyecto; solamente pensaba en Ari, sufriendo con él como si aún
estuviera a su lado.

Para Aristóteles Onassis, todo iba cada vez peor. Desde la
muerte de Alejandro no pensaba con claridad, sufría una galo-
pante miastenia que le impedía abrir los ojos salvo con dificultad y hablaba a trompicones. Con el nuevo golpe, sus enferme-
dades se agravaron rápidamente y tuvo que ser ingresado en un
hospital de Nueva York, donde se le dijo que su enfermedad era
incurable. Y él, como su hija, empezó a sentir odio por Jackie,
la mujer por la que había abandonado a María Callas en lo que
ahora reconocía como el mayor error de su vida. Dedicó sus
últimas fuerzas a reducir al mínimo lo que legalmente hereda-
ría Jackie a su muerte, hizo un nuevo testamento dejándoselo
casi todo a su hija y, temiendo que Jackie lo impugnara, le añadió un codicilo ordenando a sus herederos y albaceas que le
negaran ese derecho por todos los medios legales, cargándose
las costas y gastos a la herencia. Y como esto le pareció poco,
decidió divorciarse de ella, pero no de mutuo acuerdo, sino
humillándola cuanto le fuera posible. Contrató a un detective
para tratar de conseguir pruebas de adulterio y empezó a hablar
con distintos periodistas famosos para montar contra ella una
campaña de desprestigio. No le daría tiempo a cumplir sus
deseos.

La pendiente por la que se precipitaba la vida del griego era
cada día más pronunciada; en diciembre de aquel negro año de
1974, sus abogados y administradores le comunicaron que su
compañía aérea, Olympic Airways, estaba en quiebra, y poco
después no le quedó más remedio que cedérsela al Gobierno
griego. Fue el golpe decisivo. A principios de febrero de 1975,
en su refugio griego de Scorpios, su estado empeoró de forma
repentina, y su médico del hígado le dijo que debería irse
inmediatamente a París para ser operado de la vesícula biliar,

174

pero su estado era tan débil que su cardiólogo le ordenó irse de inmediato a Nueva York para recibir un tratamiento intensivo antes de someterse a operación alguna. Onassis eligió ir cuanto antes a París, donde fue operado el 10 de febrero. Ya no volvería a recuperar el conocimiento de forma total, y permaneció cinco semanas con respiración asistida y alimentación intravenosa.

A María no le permitían visitarle, pero ella estaba perfectamente informada de su estado, porque el destino había situado en la habituación contigua a la de Onassis a una anciana que estaba siendo tratada de un cáncer y que resultó ser la madre de su viejo amigo Vasso Devetzi, quien la mantenía informada hora tras hora del estado del griego, hablando con sus enfermeras, médicos y acompañantes. María estaba en permanente contacto con Vasso, agonizando en espíritu junto a su viejo amor, y no podía ir a verle porque los médicos habían prohibido cualquier visita, salvo la de su hija Cristina, que permanecía día y noche junto a la campana hermética en la que Onassis estaba encerrado. La agonía podía durar semanas o meses, los médicos no lo sabían, y María no pudo resistir más. El 10 de marzo se trasladó a una casa que había alquilado en Palm Beach para huir del infierno que estaba pasando en París, y tan sólo dos días más tarde le llegó la noticia de la muerte de Ari.

Como contó su secretaria más tarde, la noticia dejó a María prácticamente inconsciente. Estuvo tumbada sin reaccionar, hablar, ni siquiera llorar, durante dos días. Era como si ella misma hubiese muerto con Ari, y durante los días siguientes todo lo que hizo fue mantener esa semiinconsciencia con grandes dosis de tranquilizantes, encerrada en su habitación, en la oscuridad y sin hablar con nadie. Pero unos días después sintió que aún le quedaba vida, y reaccionó de una forma que a todos pareció artificial, y que probablemente lo era. Se levantó de la cama y empezó a actuar como si nada hubiera pasado. Había decidido evadirse del mundo durante los días en los que en la prensa y la televisión sólo se hablaría de la muerte de Onassis, del entierro, del funeral... y ella no había querido verlo. Pasados esos días, volvió.

Visconti y Pasolini

Por eso no pudo enterarse hasta entonces de que, dos días después de Ari, había muerto otro de sus grandes amigos, Luchino Visconti. Ya no sabía ni qué decir. Pasó unos cuantos días más en Palm Beach y regresó a su casa parisina, que ahora se le antojaba un palacio triste, lleno de recuerdos dolorosos. Y entonces, por fin, decidió de una forma total, sin plantearse ningún camino paralelo, dejar de cantar. Su última gira había sido tan desastrosa en tantos aspectos —ella lo sabía aunque nadie lo mencionara—, que no le había servido ni para creer cumplida una pequeña parte del viejo sueño de volver a ser la que era. Se había comprometido a volver a Japón con Di Stefano para cantar *Tosca*, pero anuló el compromiso, aún cuando seguía manteniendo un romance intermitente con él, quien también, por cierto, acababa de vivir la tragedia de la muerte de su hija. Fue una época realmente negra.

Algún tiempo después María hizo un último intento de recuperar parte de su vida con los demás. Abandonada ya la música de una manera definitiva, sólo la vida social podía depararle alguna satisfacción futura. Esperaba conocer a algún hombre que pudiera hacerla feliz el tiempo que le quedaba de vida y hacerla olvidar en lo posible tantos sinsabores recientes. Pero le costaba un gran esfuerzo. Se preparaba para salir a una cena o una fiesta, y cuando ya estaba arreglada y dispuesta para marcharse se arrepentía, se desvestía y se pasaba la noche viendo la televisión, dejando pasar el tiempo sin más, quizá sin atreverse a hacer nada... para que no le saliera mal nada más en aquel maldito año.

Así dejó transcurrir todo 1975, un año que quería olvidar, pues no había podido ser peor. Como no había anunciado oficialmente su decisión de retirarse, seguía recibiendo de cuando en cuando algunas ofertas que no tenían otro efecto que el de provocar en ella una melancólica nostalgia. En algún momento llegó a pensar en la posibilidad de cantar sola, con una gran orquesta —tras la última gira jamás hubiera vuelto a barajar la posibilidad de volver a cantar con un simple acompañamiento de piano—, pero eran simples especulaciones que de cuando en cuando dejaba caer en alguna conversación o en alguna carta a su padrino.

Pero aquel año maldito no había terminado aún. Y en noviembre, se entera de la noticia del asesinato de Pasolini. El hallazgo de su cuerpo, cosido a puñaladas en una playa cercana a Roma, hizo correr ríos de tinta en la prensa sensacionalista de todo el mundo, que convirtió a Pasolini en protagonista de una sórdida historia de homosexuales, celos, drogas y bajos fondos. Aquélla fue la guinda que le faltaba al trágico 1975. María se volvió a encerrar en su casa, apenas veía a nadie y, cuando acordaba una cita, por lo general la anulaba en el último momento. Así transcurrió la primera mitad de 1976, con María «escondida», asustada, incapaz de soportar otra tragedia en su vida. Sólo veía a unos pocos amigos que solía recibir en su casa, ante quienes trataba por todos los medios de cuidar su imagen, de aparentar que seguía siendo la gran dama de la ópera y la *jet*.

Por fin accedió a dejar su casa para pasar unos días de agosto con su amigo Vasso Devetzi, el hombre que la había mantenido informada al segundo de la agonía de Onassis. Con él se fue a Grecia, a Halkidki. Después de unos días, cuando estaban cenando en un restaurante, fue reconocida, y al día siguiente el pequeño pueblo estaba invadido de fotógrafos y reporteros, así que tuvo que pasarse una semana encerrada en su cuarto, sin poder ir a la playa ni ver a sus amigos, porque le aterraba la idea de que pudieran fotografiarla en bañador. Así que aquellas vacaciones que tanto necesitaba se estropearon completamente, y decidió regresar a París cuanto antes. Su estado era cada vez peor. Había dejado cualquier régimen y había engordado de forma considerable. Estaba recuperando su vieja imagen, la de la chica (ahora mujer madura) gorda y miope con muy escaso atractivo. Había roto definitivamente con Di Stefano y ya no tenía aliciente alguno en su vida. Seguía trabajando, ensayando, pero sin el menor interés.

El punto final

El punto final llegó para María con su último intento de volver a ver alguna luz al fondo del túnel. Su amigo Charles Vanne, que dirigía por entonces el Teatro de los Campos Elíseos, le ofreció el escenario para que pudiera ir allí a ensayar, a practicar, y se sintiera de nuevo como antes. A ella le hizo ilusión la idea y comenzó a ir al teatro para cantar allí. Pero un periodista se coló en uno de los ensayos, hizo unas cuantas fotos y las publicó en *France Dimanche* como ilustración de un artículo terrible, en el que hablaba de la destrucción total de la voz de la Callas. Todo había acabado, y María entabló el último pleito de su vida. Un pleito que también ganaría, pero después de muerta.

Aquélla fue la última desgracia de la gran Callas. En los últimos años de su vida había tratado de mantener, al menos, su dignidad ante el inacabable río de desgracias, humillaciones, tragedias humanas y fracasos profesionales que había vivido. Sólo le quedaba ya el aura de su leyenda, era la única herencia que iba a poder dejarle al mundo, pero un miserable reportero sensacionalista había acabado con su única esperanza. Aquella última humillación pública fue el fin de María Callas. Si su estado era malo antes de aquello, después fue sencillamente lamentable. A la depresión se unió la tristeza, la pena por sí misma, y su vida transcurría a principios de 1977 en un permanente estado de angustia. Sus amigos se volcaban en tratar de levantar su ánimo, incluidos los amigos que en ese momento estaban en la élite, entre los más grandes de la ópera, desde Montserrat Caballé, que la llamaba pidiéndole consejo, hasta Plácido Domingo, que le proponía estudiar un proyecto juntos para una opereta, pasando por Zeffirelli, que se desvivía por levantarle la moral hablándole de hacer una nueva *Traviata*... Todo aquello no era más que pura ilusión, y todos lo sabían, incluida la propia María, pero todos trataban de mantener las formas, de seguir aparentando que ella era la más grande, que tenía todo su respeto, que a cualquiera de aquellos grandes le hubiera entusiasmado trabajar con ella. Fue una bonita forma del mundo de la ópera de comportarse con la «vieja» diva en sus momentos más difíciles. Pero ella, poco a poco, iba sumergiéndose cada día un poco más en aquel abismo que ya no podía cerrarse.

X. EL FINAL DE UNA DIVA TRISTE

El año 1977 había nacido con María en su peor momento. Era ya una sombra de sí misma y es muy probable que, aunque nunca hablara de ello, sí supiera o presintiera que el fin estaba cerca. En el mes de febrero escribió a su padrino explicándole que su salud no era buena, que tenía una presión sanguínea muy baja y que estaba en tratamiento, pero a la vez intentaba quitarle importancia a su estado, diciéndole que en unas semanas estaría restablecida y que esperaba verle pronto.

Al llegar la primavera, pidió a su amigo Vasso que empezara a preparar un testamento, en el que iba a dejarles todo cuanto poseía a sus criados, Bruna y Ferruccio. Pero para desgracia de ambos, no llegaría a firmarlo. En el mes de julio, ante Alan Sievewright, quien estaba preparando una historia sobre ella, reconoció por primera y única vez la realidad: «Si quieren saber algo sobre mí, todo está ahí, en mi música. Callas ha muerto».

Su último viaje fue a Scorpios, donde pasó horas rezando arrodillada ante la tumba de su querido Aristóteles. Era como si presintiera que pronto iba a reunirse con él. Volvió a París y de nuevo se encerró en su casa, practicando a ratos, viendo la televisión la mayor parte del tiempo y, de cuando en cuando, invitando a cenar a algunos amigos, muy pocos. Pero ya su vida había terminado, y era como si estuviera perfectamente enterada de ello y lo asumiera sin más.

El 16 de septiembre de 1977, en su piso en la Avenida Georges Mandel, María Callas se cansó de luchar y de seguir viviendo. Después de levantarse tarde y desayunar en la cama, fue hacia el cuarto de baño, sintió un fuerte dolor en el costado izquierdo y cayó al suelo. Bruna la ayudó a acostarse de nuevo, le dio un poco de café y llamó inmediatamente a su médico, que no estaba en casa. Avisó entonces al Hospital Americano, pero todas las líneas estaban ocupadas. Por fin, llamaron al médico de Ferruccio, que acudió a toda prisa. Pero cuando llegó sólo encontró el cadáver de María Callas.

La noticia de la muerte se propagó por el mundo en pocos minutos. La televisión y la radio se ocuparon de que hasta el último rincón del planeta llegara la mala nueva de la desaparición de la cantante más grande que la ópera tuvo nunca. En pocas horas, docenas de amigos de María llegaban a París desde América, Inglaterra, Grecia... para rendirle un último homenaje en su capilla ardiente, montada en su propia casa parisina. Peter Andry recordaba luego cómo la vio por última vez: «Estaba tendida en su cama, con un vestido gris y un crucifijo y una rosa sobre su pecho. Tenía el cabello suelto, parecía hermosa y en paz. Tuve ganas de cortarle un mechón para conservarlo para siempre como un recuerdo de ella, pensando que pocas horas después sólo iba a ser ceniza, pero no lo hice por vergüenza. Ojalá lo hubiera hecho».

El funeral se celebró a las 4:30 de la tarde del 20 de septiembre en la iglesia ortodoxa de la calle Georges Bizet. Desde horas antes, una gran multitud de gente se agolpaba en las calles adyacentes guardando un impresionante y respetuoso silencio. Dentro de la iglesia, los periodistas sembraban el caos y el desconcierto, para indignación de los amigos de María que habían acudido a su última cita. Fotógrafos y cámaras de televisión apartaban a empujones a los asistentes y la ceremonia en sí pasó casi desapercibida, puesto que apenas sí se pudo escuchar lo que los sacerdotes decían. Sólo gritos, empujones e improperios, que se recrudecían cada vez que un nuevo personaje famoso hacía su entrada. Cuando llegaron Grace de Mónaco y su hija Carolina, tarde, la ceremonia tuvo que ser interrumpida a causa de los *flashes*, los chasquidos de las cámaras, los empujones... Y entre tanto, quienes habían ido a despedir a María apenas podían respirar. Allí estaban muchas de las personas que habían formado parte importantísima en su vida; además de su hermana Jackie, en los bancos podía verse a Sander Gorlinski, a Peter Andry, a Vasso Devetzi, a Franco Rossellini o a Peter Diamand, todos junto a las grandes coronas enviadas por el presidente de Francia, la Scala de Milán, el Covent Garden, la Metropolitan...

Cuando terminó la ceremonia y sacaron el ataúd para trasladarlo al cementerio de Père Lachaise, los cientos de personas que se agolpaban en la calle prorrumpieron en gritos de «!Bravo, María!», mientras el furgón fúnebre partía seguido por dos automóviles oficiales. En el cementero, el séquito esperó en un gran salón durante cuarenta y cinco minutos, hasta que fueron conducidos a un sótano donde había un carretón sobre el que se encontraba un féretro diminuto, del tamaño de una caja de zapatos. Contenía las cenizas de María. Fue incinerada porque era su deseo, porque desde niña había dicho una y otra vez: «No quiero que me entierren, quiero que me quemen. No quiero que me coman los gusanos, no quiero convertirme en gusano...». Aquel deseo, al menos, sí fue satisfecho.

Desde allí, el reducido séquito que quedaba siguió a los empleados a lo largo de varios corredores de un inmenso columbario hasta llegar a su destino, el pequeño nicho donde la urna cineraria de María fue colocada. Nicho número 16.258. Único rótulo: María Callas, 1923-1977.

El reparto de la herencia

Hubo dos personas que no acudieron ni al funeral ni al entierro de María: su madre, Evangelia, y su esposo, Gian Battista Meneghini. No se les vio en el último adiós, pero se les vería a partir de entonces en la prensa disputándose como dos buitres hambrientos la herencia de alrededor de 13 millones de dólares más los *royalties* futuros por la venta de discos que María había dejado. No haberse apresurado a firmar aquel testamento que empezó a preparar meses antes hizo que su voluntad de dejarles todo a sus dos fieles criados no fuera respetada, y el único testamento válido que existía era uno firmado en 1954, por el que todo pasaba a manos de Meneghini, que naturalmente lo tenía guardado como oro en paño y quien se apresuró a sacarlo a la luz. Como no había otro testamento que pudiera invalidarlo, Meneghini se autodeclaró heredero universal de su ex mujer. Un mes después del funeral solicitó que el piso de la Avenida Georges Mandel fuera precintado, mientras Jackie y su madre, Evangelia, presentaban en París una contrademanda en nombre de la familia Callas.

Pronto ambos, Evangelia y Meneghini, se dieron cuenta inmediatamente de que aquella sucia batalla estaba desenterrando cientos de viejas declaraciones, cientos de comentarios de María sobre ellos, y también de ellos sobre María en los peores momentos de sus guerras particulares, y no tardaron en notar que la opinión pública, sin excepción, empezaba a mirarlos como a dos personajes siniestros y a asumir en su totalidad todo cuando María había dicho sobre ellos en el pasado. Si aquel pleito se prolongaba, probablemente les iba a ir mal a los dos, así que se apresuraron a llegar a un acuerdo, resolvieron el asunto fuera de los tribunales y se repartieron la herencia en dos partes iguales. Inmediatamente, Titta se apresuró a hacer diversas declaraciones autoexculpándose de cualquier acusación. El bueno de Meneghini se pasó de largo en su diatriba, diciendo con aire de santidad que «no quiero el dinero para mí, sino para darla a conocer al mundo entero», olvidándose de que el mundo entero ya la conocía perfectamente. Evangelia, con algo más de vergüenza, se limitó a callarse. En cuanto a Bruna y Ferruccio, los fieles criados que compartieron con Maria sus últimos años y que debían haber sido sus herederos, recibieron una pequeña compensación al dividirse la herencia; Bruna volvió a su pueblo en Italia y Ferruccio fue contratado por Cristina Onassis.

El 14 de junio se celebró una subasta pública en el hotel George V de París. Se subastaba el contenido del piso de la avenida George Mandel, y allí, en primera fila, estaba Meneghini dispuesto a pujar y aclarando muy dignamente que «estaba allí para salvar sus recuerdos». De hecho, se hizo con buena parte del lote, todo lo verdaderamente valioso, desde las joyas hasta el piano, las alfombras, los tapices y los objetos de arte. Los aficionados que habían acudido en busca de un recuerdo de la Callas tuvieron que conformarse con cosas como su lavadora, un par de aspiradoras, algunos platos...

El día 26 de diciembre, las cenizas de María Callas fueron robadas del columbario, pero afortunadamente fueron halladas horas después en otra parte del cementerio; para entonces, Evangelia ya estaba acusando a Meneghini de haber robado las cenizas de su hija. La primavera siguiente, aquellas cenizas fueron esparcidas por el mar Egeo con una gran ceremonia en honor de María Callas.

EPÍLOGO

Con la mirada del tiempo el análisis resulta siempre más exacto. Han transcurrido muchos años desde la muerte de María Callas, y su nombre sigue estando presente en las mentes de todos los aficionados a la ópera, los viejos entendidos y las jóvenes generaciones. Se sigue hablando de un «antes de la Callas» y de un «desde la Callas», y es que realmente ella marcó, y sigue marcando, los tiempos. María Callas revolucionó la ópera como Elvis, Los Beatles o Bob Dylan revolucionaron la música popular en sus distintos estilos. Por eso ahora, cuando repaso lo escrito aquí, me hago a mí mismo una pregunta que es ahora cuando se me ocurre: todos aquellos «escándalos» que María Callas protagonizó, aquellas suspensiones de última hora que organizaban estruendosos rifirrafes con el público, todas aquellas veces que se enfrentó sin dudarlo un segundo a los grandes prebostes de los templos sagrados de la ópera mundial, y todas aquellas ocasiones en que cantó como una furia desatada, dirigiéndose al público como si éste fuese su interlocutor... todo aquello, ¿no tenía un cierto toque de *marketing* genial?... Porque es preciso reconocer que la «técnica» utilizada por la Callas era la misma que siempre han utilizado las grandes estrellas del pop o el cine; la publicidad, buena o mala, es importantísima, y María siempre gozó de publicidad ilimitada. ¿Ocurrió todo como siempre se ha contado, de una forma casual, natural, impensada, o siempre, en cada actitud, había un toquecito de inteligencia publicitaria...? Ahora, repasando su vida, creo llegar a la conclusión de que sí, que María Callas, consciente o inconscientemente, era mucho más de lo que aparentaba ser; no era la mujer apocada, acomplejada e insegura que algunos creían ver en ella, sino que esa imagen era más convincente.

Y para ser justos, me pregunto también si Gian Battista Meneghini era simplemente un «avaro» que con su forma de actuar perjudicó en ocasiones a su esposa o si, por el contrario, hacía las cosas de acuerdo con ella, formando parte él también de ese *marketing* ideado para fabricar una imagen incomparable... Mis dudas, como las de todos, seguirán ahí para siempre.

Como para siempre seguirá el nombre inolvidable de la mujer que, de una u otra forma, fue la más grande cantante, de ópera o de cualquier otro género, que el mundo ha conocido.

BIBLIOGRAFÍA

STASINOPOULOS, A.: *María: Beyond the Callas Legend,* Ediciones Quart, Barcelona, 1984.

MENEGHINI, G. B.: *My wife, María Callas,* Farrar/ Strauss Giroux, Buenos Aires, 1981.

MARTÍNEZ PUJALTE, M. A.: *Yo, María Callas. La ópera de mi vida.* Huerga & Fierro Editores, Madrid, 1998.